Heinz-Peter Röhr

Vom Glück, sich selbst zu lieben

Heinz-Peter Röhr

Vom Glück, sich selbst zu lieben

Wege aus Angst und Depression

Walter

Bibliografische Information der Deutschen Nationalbibliothek

Die Deutsche Nationalbibliothek verzeichnet diese Publikation in der Deutschen Nationalbibliografie; detaillierte bibliografische Daten sind im Internet über http://dnb.d-nb.de abrufbar.

Neuausgabe des 2001 unter demselben Titel im Pendo Verlag erschienenen Buches

2. Auflage 2006

Druck und Bindung: Clausen & Bosse, Leck
ISBN 3-530-40182-X
www.patmos.de

Inhalt

Vorwort

Die Geißeln unserer Zeit sind Angst und Depression. Diese zermürbenden Gefühle zu bewältigen ist eine große Herausforderung. Da es selten schnelle, wirklich wirksame Lösungen gibt, ist es sinnvoll, sich dem Leben umfassender zuzuwenden.

Im Märchen *Der Teufel mit den drei goldenen Haaren* spiegelt sich eine Grundbewegung des Menschen: die Suche nach Glück. Doch was ist eigentlich Glück? Wo ist Lebensglück zu finden? Gibt es dauerhaftes Glück, und – wenn ja – wo sollte man mit der Suche beginnen? Welche inneren Kräfte arbeiten mit- und gegeneinander? Wodurch wird Glück blockiert? Welche Antworten finden sich im Märchen, und welche Antworten geben Psychologie und Psychotherapie?

Erfolg, Karriere, Wohlstand sind die Vorgaben der Leistungsgesellschaft, die persönliches Glück verheißen. In der Spaßgesellschaft suchen viele in immer noch extremeren Attraktionen und Events den ultimativen Kick. Für andere ist das wöchentliche Ausfüllen des Lottoscheins die einzige Hoffnung auf Glück. Viele wären froh, wenn sie wenigstens quälende Gefühle wie Angst, Ärger, Hass, Wut, Trauer und Depression verlören. Wie sehr gerade diese unangenehmen Gefühle dazu beitragen können, aus einer tieferen Quelle Lebensglück zu schöpfen, bleibt meist ein unentdecktes Geheimnis.

Der derzeitige Dalai Lama hat als Wanderer zwischen seiner traditionellen tibetischen und der westlichen Kultur beobachtet, dass die Menschen unserer Hemisphäre trotz oder auf Grund des wachsenden Wohlstands immer mehr unter Angstgefühlen, Unzufriedenheit, Frustration, Unsicherheit und Depression leiden. Sie versuchen mit allen Mitteln, Leid zu vermeiden, und müssen doch immer wieder feststellen, dass sie der großen Frage, wie sie glücklich werden, nicht näher kommen. Wo können glaubwürdige Antworten gefunden werden?

Lassen wir die Seele selbst zu Worte kommen! – Wie ist dies möglich? Vor etwa hundert Jahren wurde ein neues Kapitel der Psychotherapie aufgeschlagen. Der Wiener Arzt Sigmund Freud ließ sich von seinen Patienten Träume erzählen. Er hatte erkannt, dass in der Symbolsprache der Träume verschlüsselt Antworten auf die wesentlichen Fragen der Existenz, auf verborgene Konflikte und Blockaden zu finden sind. Im Grunde ist dies uraltes Wissen; die Mythen und Märchen stammen aus der gleichen Seelenschicht. Sie sind noch immer wenig gehobene Schätze, um zentrale Fragen des Menschen zu beantworten.

Märchen beschreiben in der ihnen eigenen Sprache Wege zur Erlösung des Menschen aus seinen Verstrickungen. In ihnen finden wir Antworten, die in ihrer schlichten Wahrheit verblüffen, aber auch überzeugen, weil sie aus einer tieferen Weisheit zu schöpfen wissen. Sie laden geradezu ein, den Umgang mit sich selbst zu reflektieren.

Das Märchen *Der Teufel mit den drei goldenen Haaren* ist eines der bekanntesten und schönsten der Grimm'schen Sammlung. Für viele war es das Lieblingsmärchen und damit Begleiter in der Kindheit. Es ist eine Parabel auf das Leben und zeigt in symbolischen Bildern die wesentlichen Elemente des Lebensglücks. Es bietet Gelegenheit, darüber nachzudenken, was uns vom eigentlichen Glück fern hält und wie wir uns nähern können. Der Weg aus Überanpassung und Selbstentfremdung zur Liebe zu sich selbst hin, den ich anhand dieses Märchens aufzeige, ist selbstverständlich nicht der einzig mögliche Weg auf der Suche nach dem inneren Glück.

In der Psychotherapie kommt Märchen die Aufgabe zu, zum Verständnis tiefer liegender Probleme beizutragen. Wie auf einer Projektionsfläche spiegeln sie zentrale Konflikte; wer bereit ist, die Symbolsprache verstehen zu lernen, findet die Lösungen. Nach meiner Erfahrung gewinnt der therapeutische Prozess deutlich an Klarheit. In vielen Fällen kann das Märchen als Richtschnur für eine Therapie gelten.

Als Therapeut in einer großen Klinik für Suchtmittelabhängige begegne ich bestimmten Symptomen, Problemen und Krisen immer wieder. Meine Erfahrungen finden sich in Fallbeispielen und Erläuterungen.

Dieses Buch ist für alle geschrieben, die inneres Glück suchen. Es liefert keine Anhaltspunkte dafür, wie man in der Lotterie gewinnt, sonst wie reich wird oder den Traumpartner findet. Wer dies sucht, findet hier keine Hilfestellungen. *Das Problem der inneren Unfreiheit kann nicht mit ›Verreisen‹ gelöst werden.*

Immer wieder finden sich Übungen und Anregungen zum Umgang mit Hindernissen, die sich dem Suchenden auf dem Weg zum inneren Lebensglück entgegenstellen; aber Selbsthilfe hat auch Grenzen, daher ist es im Zweifelsfall immer richtig, sich einer Psychotherapeutin bzw. einem Psychotherapeuten anzuvertrauen.

Ich möchte allen herzlich danken, die mir beim Verfassen dieses Buches geholfen haben. Meinen Töchtern Michaela und Melanie danke ich für zahlreiche Anregungen. Meiner lieben Frau Annemie verdanke ich besonders die Überarbeitung des Manuskripts, womit sie wesentlich zum Gelingen beitrug.

Bad Fredeburg, im Frühjahr 2005
Heinz-Peter Röhr

Der Teufel mit den drei goldenen Haaren

Brüder Grimm – Kinder- und Hausmärchen, KHM 29

Es war einmal eine arme Frau, die gebar ein Söhnlein, und weil es eine Glückshaut umhatte, als es zur Welt kam, so ward ihm geweissagt, es werde mit vierzehn Jahren die Tochter des Königs zur Frau haben. Es trug sich zu, dass der König bald darauf ins Dorf kam, und niemand wusste, dass es der König war, und als er die Leute fragte, was es Neues gäbe, so antworteten sie: »Es ist in diesen Tagen ein Kind mit einer Glückshaut geboren. Was so einer unternimmt, das schlägt ihm zum Glück aus. Es ist ihm auch vorausgesagt, in seinem vierzehnten Jahre soll er die Tochter des Königs zur Frau haben.« Der König, der ein böses Herz hatte und über die Weissagung sich ärgerte, ging zu den Eltern, tat ganz freundlich und sagte: »Ihr armen Leute, überlasst mir das Kind, ich will es versorgen.« Anfangs weigerten sie sich, da aber der fremde Mann schweres Gold dafür bot und sie dachten: ›Es ist ein Glückskind, es muss doch zu seinem Besten ausschlagen‹, so willigten sie ein und gaben ihm das Kind.

Der König legte es in eine Schachtel und ritt damit weiter, bis er zu einem tiefen Wasser kam. Da warf er die Schachtel hinein und dachte: ›Von dem unerwarteten Freier habe ich meiner Tochter abgeholfen.‹ Die Schachtel aber ging nicht unter, sondern schwamm wie ein Schiffchen. So schwamm sie bis zwei Meilen von des Königs Hauptstadt, wo eine Mühle war, an dessen Wehr sie hängen blieb. Ein Mahlbursche, der glücklicherweise dastand und sie bemerkte, zog sie mit einem Haken heran und meinte große Schätze zu finden; als er sie aber aufmachte, lag ein schöner Knabe darin, der ganz frisch und munter war. Er brachte ihn zu den Müllersleuten, und weil diese keine Kinder hatten, freuten sie sich und sprachen: »Gott hat es uns beschert.« Sie pflegten den Findling wohl, und er wuchs in voller Tugend heran.

Es trug sich zu, dass der König einmal bei einem Gewitter in die Mühle trat und die Müllersleute fragte, ob der große Junge ihr Sohn wäre. »Nein«, antworteten sie, »es ist ein Findling, er ist vor vierzehn Jahren in einer Schachtel ans Wehr geschwommen, und der Mahlbursche hat ihn aus dem Wasser gezogen.« Da merkte der König, dass es niemand anders als das Glückskind war, das er ins Wasser geworfen hatte, und sprach: »Ihr guten Leute, könnte der Junge nicht einen Brief an die Königin bringen? Ich will ihm zwei Goldstücke zum Lohn geben.« – »Wie der Herr König gebietet«, antworteten die Leute und hießen den Jungen sich bereithalten. Da schrieb der König einen Brief an die Königin, worin stand: »Sobald der Knabe mit diesem Schreiben angelangt ist, soll er getötet und begraben werden, und das alles soll geschehen sein, ehe ich zurückkomme.«

Der Knabe machte sich mit diesem Brief auf den Weg, verirrte sich aber und kam abends in einen großen Wald. In der Dunkelheit sah er ein kleines Licht, ging darauf zu und gelangte zu einem kleinen Häuschen. Als er hineintrat, saß eine alte Frau beim Feuer ganz allein. Sie erschrak, als sie den Knaben erblickte, und sprach: »Wo kommst du her, und wo willst du hin?« – »Ich komme von der Mühle«, antwortete er, »und ich will zur Frau Königin, der ich einen Brief bringen soll. Weil ich mich aber im Walde verirrt habe, so wollte ich hier übernachten.« – »Du armer Junge«, sprach die Frau, »du bist in ein Räuberhaus geraten, und wenn sie heimkommen, bringen sie dich um.« – »Mag kommen, wer will«, sagte der Junge, »ich fürchte mich nicht.« Er streckte sich auf eine Bank und schlief ein. Bald hernach kamen die Räuber und fragten zornig, was da für ein fremder Knabe läge. »Ach«, sagte die Alte, »es ist ein unschuldiges Kind, es hat sich im Wald verirrt, und ich habe ihn aus Barmherzigkeit aufgenommen, er soll einen Brief an die Frau Königin bringen.« Die Räuber erbrachen den Brief und lasen ihn, und es stand darin, dass der Knabe sogleich, wie er ankäme, sollte ums Leben gebracht werden. Da empfanden die hartherzigen Räuber Mitleid, und der Anführer zerriss den Brief und schrieb einen anderen, und es stand darin, sowie der Knabe ankäme, sollte er sogleich mit der Königstochter vermählt werden. Sie ließen ihn dann ruhig bis zum anderen Morgen auf der Bank liegen, und als er aufgewacht war, gaben sie ihm den Brief und zeigten ihm den rechten Weg. Die Königin aber, als sie den Brief empfangen und gelesen hatte, tat, wie darin stand, hieß ein prächtiges Hochzeitsfest anstellen, und die Königstochter ward mit dem Glückskind vermählt; und da der Jüngling schön und freundlich war, so lebte sie vergnügt und zufrieden mit ihm.

Nach einiger Zeit kam der König wieder in sein Schloss und sah, dass die Weissagung erfüllt und das Glückskind mit seiner Tochter vermählt war. »Wie ist das zugegangen?«, sprach er, »ich habe in meinem Brief einen ganz anderen Befehl erteilt.« Da reichte ihm die Königin den Brief und sagte, er möchte selbst sehen, was darin stände. Der König las den Brief und merkte wohl, dass er mit einem anderen war vertauscht worden. Er fragte den Jüngling, wie es mit dem anvertrauten Brief zugegangen wäre, warum er einen anderen gebracht hätte. »Ich weiß von nichts«, antwortete er, »er muss mir in der Nacht vertauscht worden sein, als ich im Wald geschlafen habe.« Voll Zorn sprach der König: »So leicht soll es dir nicht werden! Wer meine Tochter haben will, der muss mir aus der Hölle drei goldene Haare von dem Haupt des Teufels holen; bringst du mir, was ich verlange, so sollst du meine Tochter behalten.« Damit hoffte der König, ihn auf immer loszuwerden. Das Glückskind aber antwortete: »Die goldenen Haare will ich wohl holen, ich fürchte mich vor dem Teufel nicht.« Darauf nahm er Abschied und begann seine Wanderschaft.

Der Weg führte ihn in eine große Stadt, wo ihn die Wächter an dem Tore ausfragten, was für ein Gewerbe er verstünde und was er wüsste. »Ich weiß alles«, antwortete das Glückskind. »So kannst du uns einen Gefallen tun«, sagte der Wächter, »wenn du uns sagst, warum unser Marktbrunnen, aus dem sonst Wein quoll, trocken geworden ist und nicht einmal mehr Wasser gibt.« – »Das sollt ihr erfahren«, antwortete er, »wartet nur, bis ich wiederkomme.« Da ging er weiter und kam vor eine andere Stadt; da fragte der Torwächter wiederum, was für ein Gewerbe er verstünde und was er wüsste. »Ich weiß alles«, antwortete er. »So kannst du uns einen Gefallen tun und uns sagen, warum ein Baum in unserer Stadt, der sonst goldene Äpfel trug, jetzt nicht einmal Blätter hervortreibt.« – »Das sollt ihr erfahren«, antwortete er, »wartet nur, bis ich wiederkomme.« Da ging er weiter und kam an ein großes Wasser, über das er hinüber musste. Der Fährmann fragte ihn, was er für ein Gewerbe verstünde und was er wüsste. »Ich weiß alles«, antwortete er.

»So kannst du mir einen Gefallen tun«, sprach der Fährmann, »und mir sagen, warum ich immer hin- und herfahren muss und niemals abgelöst werde.« – »Das sollst du erfahren«, antwortete er, »warte nur, bis ich wiederkomme.«

Als er über das Wasser hinüber war, so fand er den Eingang der Hölle. Es war schwarz und rußig darin, und der Teufel war nicht zu Haus, aber seine Ellermutter saß da in einem breiten Sorgenstuhl. »Was willst du?«, sprach sie zu ihm, sah aber gar nicht böse aus. »Ich wollte gerne drei goldene Haare von des Teufels Kopf«, antwortete er, »sonst kann ich meine Frau nicht behalten.« – »Das ist viel verlangt«, sagte sie, »wenn der Teufel heimkommt und findet dich, so geht dir's an den Kragen; ich will dir helfen.« Sie verwandelte ihn in eine Ameise und sprach: »Kriech in meine Rockfalten, da bist du sicher.« – »Ja«, antwortete er, »das ist schon gut, aber drei Dinge möchte ich gern noch wissen: Warum ein Brunnen, aus dem sonst Wein quoll, trocken geworden ist, jetzt nicht einmal mehr Wasser gibt, warum ein Baum, der sonst goldene Äpfel trug, nicht einmal mehr Laub treibt, und warum ein Fährmann immer hinüber und herüber fahren muss und nicht abgelöst wird.« – »Das sind schwere Fragen«, antwortete sie, »aber halte dich nur still und ruhig und hab Acht, was der Teufel spricht, wenn ich ihm die drei goldenen Haare ausziehe.«

Als der Abend hereinbrach, kam der Teufel nach Haus. Kaum war er eingetreten, so merkte er, dass die Luft nicht rein war. »Ich rieche, rieche Menschenfleisch«, sagte er, »es ist hier nicht richtig.« Dann guckte er in alle Ecken und suchte, konnte aber nichts finden. Die Ellermutter schalt ihn aus: »Eben ist erst gekehrt«, sprach sie, »und alles in Ordnung gebracht, nun wirfst du mir's wieder durcheinander; immer hast du Menschenfleisch in der Nase! Setz dich nieder und iss dein Abendbrot.« Als er gegessen und getrunken hatte, war er müde, legte der Ellermutter seinen Kopf in den Schoß und sagte, sie solle ihn ein wenig lausen. Es dauerte nicht lange, so schlummerte er ein, blies und schnarchte. Da fasste die Alte ein goldenes Haar, riss es aus und legte es neben sich. »Autsch!«, schrie der Teufel, »was hast du vor?« – »Ich habe einen schweren Traum gehabt«, antwortete die Ellermutter, »da habe ich dir in die Haare gefasst.« – »Was hat dir denn geträumt?«, fragte der Teufel. »Mir hat geträumt, ein Marktbrunnen, aus dem sonst Wein quoll, sei versiegt, und es habe nicht einmal mehr Wasser daraus quellen wollen, was ist wohl schuld daran?« – »He, wenn sie's wüssten!« antwortete der Teufel, »es sitzt eine *Kröte* unter dem Stein im Brunnen, wenn sie die töten, so wird der Wein schon wieder fließen.« Die Ellermutter lauste ihn wieder, bis er einschlief und schnarchte, dass die Fenster zitterten. Da riss sie ihm das zweite Haar aus. »Hu! Was machst du?«, schrie der Teufel zornig. »Nimm's nicht übel«, antwortete sie, »ich habe es im Traum getan.« – »Was hat dir wieder geträumt?«, fragte er. »Mir hat geträumt, in einem Königreich ständ' ein Obstbaum, der hätte sonst goldene Äpfel getragen und wollte jetzt nicht einmal Laub tragen. Was war wohl die Ursache davon?« – »He, wenn sie's wüssten!«, antwortete der Teufel, »an der Wurzel nagt eine *Maus,* wenn sie die töten, so wird er schon wieder goldene Äpfel tragen. Aber lass mich mit deinen Träumen in Ruhe, wenn du mich noch einmal im Schlafe störst, so kriegst du eine Ohrfeige.« Die Ellermutter sprach ihm gut zu und lauste ihn wieder, bis er eingeschlafen war und schnarchte. Da fasste sie das dritte goldene Haar und riss es ihm aus. Der Teufel fuhr in die Höhe, schrie und wollte übel mit ihr wirtschaften, aber sie besänftigte ihn nochmals und sprach: »Wer kann für böse Träume!« – »Was hat dir denn geträumt?«, fragte er und war doch neugierig. »Mir hat von einem Fährmann geträumt, der sich beklagte, dass er immer hin- und herfahren müsste und nicht abgelöst würde. Was ist wohl schuld?« – »He, der Dummbart!« antwortete der Teufel, »wenn einer kommt und will überfahren, so muss er ihm die Stange in die Hand geben; dann muss der andere überfahren, und er ist frei.« Da die Ellermutter ihm die drei goldenen Haare ausgerissen hatte und die drei Fragen beantwortet waren, so ließ sie den alten Drachen in Ruhe, und er schlief, bis der Tag anbrach.

Als der Teufel wieder fortgezogen war, holte die Alte die Ameise aus der Rockfalte und gab dem Glückskind die menschliche Gestalt zurück. »Da hast du die drei goldenen Haare«, sprach sie, »was der Teufel zu deinen drei Fragen gesagt hat, wirst du wohl gehört haben.« – »Ja«, antwortete er, »ich habe es gehört und will's wohl behalten.« – »So ist dir geholfen«, sagte sie, »und nun kannst du deiner Wege ziehen.« Er bedankte sich bei der Alten für die Hilfe in der Not, verließ die Hölle und war vergnügt, dass ihm alles so wohl geglückt war. Als er zum Fährmann kam, sollte er ihm die versprochene Antwort geben. »Fahr mich erst hinüber«, sprach das Glückskind, »so will ich dir sagen, wie du erlöst wirst«, und als er auf dem jenseitigen Ufer angelangt war, gab er ihm des Teufels Rat: »Wenn wieder einer kommt und will übergefahren sein, so gib ihm nur die Stange in die Hand.« Er ging weiter und kam zu der Stadt, worin der unfruchtbare Baum stand, und wo der Wächter auch Antwort haben wollte. Da sagte er ihm, wie er vom Teufel gehört hatte: »Tötet die *Maus*, die an seinen Wurzeln nagt, so wird er wieder goldene Äpfel tragen.« Da dankte ihm der Wächter und gab ihm zur Belohnung zwei mit Gold beladene Esel, die mussten ihm nachfolgen. Zuletzt kam er zu der Stadt, deren Brunnen versiegt war. Da sprach er zu dem Wächter, wie der Teufel gesprochen hatte: »Es sitzt eine *Kröte* im Brunnen unter einem Stein, die müsst ihr aufsuchen und töten, so wird er wieder reichlich Wein geben.« Der Wächter dankte und gab ihm ebenfalls zwei mit Gold beladene Esel.

Endlich langte das Glückskind daheim bei seiner Frau an, die sich herzlich freute, als sie ihn wiedersah und hörte, wie wohl ihm alles gelungen war. Dem König brachte er, was er verlangt hatte, die drei goldenen Haare des Teufels, und als dieser die vier Esel mit Gold sah, war er ganz vergnügt und sprach: »Nun sind alle Bedingungen erfüllt, und du kannst meine Tochter behalten. Aber, lieber Schwiegersohn, sag mir doch: Woher ist das viele Gold? Das sind ja gewaltige Schätze!« – »Ich bin über einen Fluss gefahren«, antwortete er, »und da habe ich es mitgenommen; es liegt dort statt des Sandes am Ufer.« – »Kann ich mir auch davon holen?«, sprach der König und war ganz begierig. »So viel ihr nur wollt«, antwortete er, »es ist ein Fährmann auf dem Fluss, von dem lasst euch überfahren, so könnt ihr drüben eure Säcke füllen.« Der habsüchtige König machte sich in aller Eile auf den Weg, und als er zum Fluss kam, so winkte er dem Fährmann, der sollte ihn übersetzen. Der Fährmann kam und hieß ihn einsteigen, und als sie an das jenseitige Ufer kamen, gab er ihm die Ruderstange in die Hand und sprang davon. Der König aber musste von nun an fahren zur Strafe seiner Sünden.

»Fährt er wohl noch?« – »Was denn? Es wird ihm niemand die Stange abgenommen haben.«

Einleitung

Märchen sind einfach wunderbar! Sie drücken in der ihnen eigenen Bildersprache die Dinge des Lebens unglaublich treffend aus. Sie bilden ab, was wirklich ist, und ihre Bilder bringen stets das Wesentliche auf den Punkt.

Für unsere Überlegungen ist es sinnvoll, vom Traum auszugehen. Träume sind für die seelische Gesundheit von elementarer Bedeutung. Schon immer wurde versucht, sie zu verstehen, sie zu deuten. Die Bildersprache der Träume ist die Sprache des Unbewussten, und alles im Traum ist symbolisch zu verstehen. Die Entschlüsselung der Traumbilder kann auf unterschiedliche Weise erfolgen, als sehr aussagekräftig hat sich die Deutung der Träume als innerseelisches Geschehen herausgestellt: Im Traum erlebte Figuren und Begegnungen werden als bedeutsam für die eigene Person angesehen. Alle vorkommenden Personen, Gegenstände und Handlungen können etwas über die Persönlichkeit aussagen. Es geht darum, ihre Bedeutung zu durchschauen, herauszukristallisieren, welche Botschaft sie vermitteln und welche Rolle sie spielen. So bekommen alle Elemente des Traumes einen Sinn.

Die gleiche Vorgehensweise empfiehlt sich bei Märchen. Wie in einem großen Traum gehören die Bilder und die handelnden Figuren allesamt zu einer Person und bringen jeweils bestimmte Aspekte der Persönlichkeit zum Ausdruck. Die Glückshaut, der König, die Müllersleute, die Ellermutter, der Teufel, der Brunnen, aus dem kein Wein mehr fließt, der Baum, der keine goldenen Äpfel mehr trägt, der Fährmann usw., sie gehören zu einer einzigen Seelenlandschaft und müssen in einem inneren Arrangement betrachtet werden. Das Märchen ist verstanden, wenn alles in einem logischen Zusammenhang steht.

Ein Märchen deuten heißt, die Seele selbst nach dem richtigen Lebensweg zu fragen.

1. Teil
Glückskind und König oder wie Glück verloren geht

Das Kind mit der Glückshaut

Märchen sind in der Wahl ihrer Bilder, mit denen sie psychische Zustände zum Ausdruck bringen, von traumwandlerischer Treffsicherheit. Die *Glückshaut,* mit der das Glückskind in unserem Märchen geboren wird, ist ein solches Bild von großer Sinnhaftigkeit.

Jeder Mensch war einmal umgeben von einer solchen Glückshaut – gemeint ist damit die Fruchtblase –, aber nur bei wenigen Neugeborenen bleibt sie oder zumindest ein Teil davon bei der Geburt haften. Früher glaubte man, dass dieses besondere Ereignis ein gutes Omen sei. Diese *Glückshaut* umfängt das Ungeborene und schützt es vor Störungen von außen. Bei wohliger Temperatur schwimmt es im Fruchtwasser, und die Nahrung fließt ihm zu wie im Schlaraffenland. Diese vorgeburtliche Zeit erleben vermutlich die meisten Menschen als einen Glückszustand – zumindest weisen Rückschlüsse darauf hin.

Fast jeder Mensch kennt seine *Glückshaut.* Es sind die Glücksgefühle, die wir alle mehr oder weniger oft erlebt haben und besonders intensiv auf oder unter der Haut spüren. Es ist ein Kribbeln, das durch den ganzen Körper zu gehen und bis in die äußerste Haarspitze hineinzureichen scheint. Das Gefühl durchströmt den gesamten Organismus und macht sich besonders im Bauchraum bemerkbar, dem Ort, wo Gefühle am stärksten wahrgenommen werden.

Das Kind, das mit der *Glückshaut* zur Welt kommt, ist ein Bild für eine innere Instanz, die zur »Grundausstattung« des Menschen gehört. Wir verstehen das Gemeinte besser, wenn wir kleine Kinder beobachten. Sie haben meist einen wesentlich intensiveren Zugang zu Glücksgefühlen als Erwachsene. Besonders deutlich ist dies zu erkennen, wenn wir wenige Wochen alte Säuglinge beobachten, wie sie in der Wiege strampeln, wie sie Gefühle förmlich mit dem gesamten Körper zum Ausdruck bringen. Ihr Lachen und Krähen ist ansteckend, und wir fühlen uns tief berührt von so viel Gefühl und Energie. Bei gesunden Kindern bleibt die Fähigkeit, sich zu begeistern und zu starkem Enthusiasmus fähig zu sein, in den ersten Lebensjahren fast ungebrochen erhalten. Dies liegt daran, dass Kinder in diesem Alter noch stark mit dem »wahren Selbst« verbunden sind, vorausgesetzt, die Erziehung hat sie nicht zu früh zur Anpassung gezwungen. Ihre Seele ist weit offen für alles, was um sie herum geschieht; die Fantasie ist noch ebenso wirklich wie die äußere Realität: so ist es möglich, dass Puppen lebendig sind, dass Plüschbären beschützen und Plastikautos wirklich fahren.

Karls Onkel ist zu Besuch. Der kann so wunderbare Geschichten erzählen! Karl konnte die Ankunft kaum erwarten; jetzt sitzt er da und lauscht gespannt den Erzählungen des Onkels. Seit einiger Zeit muss er zur Toilette, kann sich aber lange nicht entschließen, dem dringenden Bedürfnis nachzugeben. Selbst auf der Toilette kann er sich vor Freude kaum halten, er reibt sich die Hände vor Vergnügen. Am liebsten würde er einen lauten Jubelschrei ausstoßen. Er beeilt sich sehr, um so schnell wie möglich wieder in das Zimmer zu kommen, in dem der Onkel seine fantastischen Geschichten erzählt...

Solch spontane Freude, dieses intensive Glücksgefühl über die einfachen Dinge sind eher der Kindheit zuzuordnen. Die Gefühle der Erwachsenen sind abgeklärter, nüchterner, aber auch flacher. Blicken wir nicht manchmal mit Neid auf die Kinder, die sich so herzlich freuen können und im Ausdruck ihrer Gefühle spontaner, echter und unmittelbarer sind? Viele Erwachsene versuchen daher, an der Freude der Kinder teilzuhaben. Sie freuen sich an den staunenden Kinderaugen, an der Selbstvergessenheit spielender Kinder, an deren Glückseligkeit beim Beschenktwerden ... Denken wir an die Freude von Eltern oder Großeltern, wenn sie ihren Kindern oder Enkelkindern etwas schenken. Ich selbst konnte, als meine Kinder klein waren, das Weihnachtsfest kaum erwarten, weil ich mich auf ihre leuchtenden Augen freute.

Glück ist für kleine Kinder, wenn sie behütet aufwachsen dürfen, ein selbstverständlicher Zustand. Sie verbleiben darin so lange, bis sie infiziert werden von der Welt der Erwachsenen mit ihren Schablonen, von diesem Virus von *oben* und *unten, gut* und *böse, besser* und *schlechter.* Offensichtlich fällt, wenn wir uns von der Einheitswelt der frühen Kindheit entfernen, eine Tür zu, die mit unserem wachen Verstand nicht mehr zu durchschreiten ist. Nur nachts während des Traums, in Zuständen der Trance oder für Künstler öffnet sich eventuell ein Spalt dieser Tür.[1]

Das Wesentlichste, was Kinder besitzen und was mit zunehmendem Erwachsenwerden verloren geht, ist die Fähigkeit, auf tiefe Weise zu lieben: es ist eine völlig selbstlose, anrührende und spontane Liebe, die bei Erwachsenen hinter einer mehr oder weniger starken Gefühlspanzerung verschollen scheint. Es ist eine bedingungslose Liebe, die beide Seiten beglückt.

Viele Menschen vermissen in ihrem Leben das Gefühl von innerem Glück. Glück ist für sie bestenfalls ein Zufallsprodukt. Man kann in der Lotterie spielen, an der Börse spekulieren – und tatsächlich ist dies bei Millionen die einzige Form der Hoffnung auf Glück.

Manche treibt eine Not, oft ein Gefühl der Sinnleere, auf die Suche nach dem wahren *Lebensglück.* Vielleicht ist es die Erinnerung an kindliche Glückserfahrungen, die eine Ahnung und eine Sehnsucht nach der eigenen Glückshaut weckt. Es gilt, einen Zustand wieder wirksam werden zu lassen, der in jedem Menschen vorhanden ist. Dabei verbietet sich jede Form von Verbissenheit.

Im Märchen ist es eine arme Frau, der dieses besondere Kind geschenkt wird. Dies darf als Hinweis gedeutet werden, dass man

Glück nicht auf den Bühnen und Altären der Reichen und Mächtigen suchen sollte. Wer Einblick hat, erkennt hinter glänzenden, prächtigen Fassaden nur zu häufig die tiefe Leere und Langeweile einer übersatten High Society.

Was es heißt, die Glückshaut zu fühlen, wie es dazu kommt, dass das innere Glückskind zum Schweigen gebracht wird, und was man tun kann, um sich von Leere und Sinnlosigkeit zu befreien, davon erzählt das Märchen *Der Teufel mit den drei goldenen Haaren.* Bei unseren Überlegungen zu dem, was uns das Märchen über das Lebensglück verrät, gehen wir davon aus, dass jeder Mensch eine Glückshaut in sich trägt und dass sie ihn lebenslang begleitet, auch wenn ihm dies nicht bewusst ist. – Vielleicht fragen Sie sich erst einmal, wann Sie selbst zuletzt Kontakt mit Ihrer Glückshaut hatten! Was hat Sie berührt? War es ein Gefühl von Liebe? War es Freude?

Der Verkauf des Glückskindes

Gehen wir aber zunächst der Frage nach, wie Glück abhanden kommt. Offensichtlich kann man sein Glück verkaufen! In unserem Märchen sind es arme Leute, die in die Falle tappen. Sie verkaufen ihr Glückskind für ein paar Goldstücke und machen sich selbst glauben, dass dies das Beste für ihr Kind sei. Mit dem Weggeben ihres Kindes haben sie jedoch die Anwartschaft auf ein glückliches Leben gegen materielles, unbeständiges Glück eingetauscht. Im weiteren Märchen kommen sie nicht mehr vor. Es ist anzunehmen, dass sie das gleiche Schicksal ereilt wie den König, von dem später noch eingehend die Rede sein wird.

Die innere Dynamik dieses Vorgangs ist alltäglich, nicht nur bei finanzieller Not: Da nimmt ein Mann in einer von seiner Familie entfernten Stadt eine Position mit einem weit überdurchschnittlichen Gehalt an und zerstört damit das Glück seiner Ehe; da ist die Partnerschaft, die des Geldes wegen eingegangen wird oder einen besonderen sozialen Status verspricht; da quälen sich Millionen Menschen, um durch Überstunden und Nebentätigkeiten, die ihnen keine Freude bereiten, mehr materielles Glück zu gewinnen.

Die Verlockung, für Geld persönliches Lebensglück förmlich zu verkaufen, ist in unserer Gesellschaft fast unwiderstehlich. Denn *glücklich sein* und *viel Geld haben* wird meistens gleichgesetzt. Die Formel unserer Konsumgesellschaft lautet: reich = glücklich, arm = unglücklich. Arme sind die Bedauernswerten und werden oft als Versager betrachtet. Gesellschaftliches Ansehen und ein starkes Selbstwertgefühl stehen nur dem Wohlhabenden zu.

Solche Ansichten sind in unserer westlichen Gesellschaft tief im Bewusstsein der meisten Menschen verwurzelt und veranlassen sie zu gierigem Konsumverhalten. Dieses ist letztlich auch für die immer weiter fortschreitende Zerstörung der Natur (auch der Natur des Menschen) verantwortlich. Wie viel Glück verkaufen wir damit? Solange dieser Irrglaube dominiert und Menschen nicht begreifen wollen, dass sie mit Geld kein Lebensglück erkaufen können, werden bereits Kinder zu rücksichts- und skrupellosen Menschen herangezogen, wie wir sie im Märchen im Bild des Königs wiederfinden.

Steht uns keine Alternative zur Verfügung? Unser Märchen, das wird sich zeigen, weist einen Weg aus dem Dilemma.

Der König mit dem bösen Herzen oder das Realitätsprinzip

Der König hat ein böses Herz, heißt es im Märchen. Er will nicht das Beste für das Kind, wie er vorgibt, sondern erwirbt das Glückskind aus Eigennutz, um es zu töten. Offensichtlich hat das Lebensglück einen Widersacher, der es zerstören will. Die Frage ist, welche innere Instanz der Gegner des wahren Glücks ist und in unserem Märchen vom König verkörpert wird.

Ein König vertritt Bereiche, die Herrschaft, Macht, Autorität, Stärke und Ansehen repräsentieren. Als ein Widersacher des Glückskindes steht er für jene Seite der Persönlichkeit, die das eigene Glück selbst in die Hand nehmen will. Wenn dieser König das Sagen hat, geht es nicht mehr um Glück, das von innen kommt und durch die Glückshaut zum Ausdruck gebracht wird, sondern es geht darum, durch das Streben, ja die Gier nach Erfolg, Besitz und Macht ein gesellschaftlich anerkanntes Glück zu finden. Das *schwere* Gold, das er den armen Eltern des Glückskindes bietet, ist in diesem Zusammenhang ein Symbol für materielles Glück.

Dieser König ist ein »Macher« und sein natürlicher Feind das Glückskind, die *Stimme des Herzens,* das innere Selbst. Ein bekanntes Bild für dieses innere Selbst, das Lebenslust, Kreativität und den gesamten Bereich der tiefen Gefühle mit einschließt und unendlich weise ist, ist das *innere Kind.* Es wird auch als das göttliche Kind bezeichnet, weil es in den Mythen vieler Religionen zu finden ist. Das Jesuskind und das Moseskind in den biblischen Geschichten sind Beispiele dafür. Diese Kinder haben ein ungewöhnliches, gefährliches Schicksal und werden als Erwachsene für viele Menschen zu Helfern in der Not. Auch das Glückskind hat ein besonderes, gefährliches Schicksal und bringt wieder Lebensfreude in die Städte, in denen zuvor Mangel herrschte, und Freiheit für den Fährmann. Wenn jemand auf die Stimme des Herzens zu hören beginnt, hat das *Herrscher-Ich* seinen Anspruch auf Alleinherrschaft verloren. Der König in unserem Märchen aber will sein Königreich nicht teilen.

Mit dem inneren Glückskind in Kontakt zu kommen ist nur möglich, wenn wir ruhig werden, innehalten und uns dem Dasein überlassen, so wie es ist. Demgegenüber will der König seines eigenen Glückes Schmied sein und alles aus eigener Kraft schaffen. Er hat eine tödliche Angst, Kontrolle aufzugeben, und hört nicht, was tief in ihm zu seinem Besten lebt und weiß, wie er das wahre Glück finden könnte. Er kann nicht akzeptieren, dass wahres Glück eine andere Quelle hat, er kann nicht erkennen, dass er sich auf einem Irrweg befindet. Daher ist er nicht bereit, irgendetwas von sich wegzugeben, schon gar nicht seine Tochter. Auf das innere Kind hören würde für den König eine radikale Umkehr bedeuten. Er fühlt sich in seinem Herrschaftsdasein von den inneren Vorgängen um das Glückskind bedroht. Darum will er es vernichten.

Er legt das Kind in eine Schachtel und wirft sie ins Wasser. Er glaubt, sich auf diese Weise des Problems entledigt zu haben. Das Wasser jedoch trägt die Schachtel weiter, und das Glückskind bleibt *unversehrt* und wird gerettet. Dies erinnert an die Geschichte von Moses, der von seiner Mutter in einer Schachtel dem Nil anvertraut wurde, weil der Pharao befohlen hatte, alle männlichen Kinder der Juden zu töten. Jedoch wurde Moses ausgerechnet durch die Tochter des Pharao gerettet. In unserem Märchen kann das geweissagte Schicksal des Glückskindes durch den König nicht aufgehoben werden. Es gibt Faktoren, die stärker sind als die Pläne der Vernunft. Wenn wir den Märchenbildern folgen, stellen wir fest, dass das Schicksal den König für seine Zwecke benutzt. Davon später mehr!

Bei vielen Menschen fristet das innere Kind verletzt, verkümmert ein Schattendasein, sie kennen es nicht und der Zugang zu ihm und seiner Lebensfreude ist verschlossen. In diesen Fällen hat der König die Herrschaft übernommen – als innere Instanz soll er daher hier als Herrscher-Ich bezeichnet werden. Tatsächlich sind viele Menschen schon als Kinder um ihre Glückshaut gebracht worden, weil sie viel zu sehr dazu erzogen wurden, ihrem Herrscher-Ich zu folgen. Eine Erziehung, die nur Äußerlichkeiten, gesellschaftlichen Regeln, dem Ansehen und Leistungsdenken verpflichtet ist, wird das kindliche Glück bereits früh durch Lieblosigkeit zerstören. Viel zu viele Kinder werden so um eine unbeschwerte Kindheit betrogen und leiden als Erwachsene unter diesem Mangel.

Doch das Märchen sagt: Die Zerstörung des Glückskindes gelingt nicht! Wundersam wird es gerettet. Es treibt, geborgen in der Schachtel, mühelos auf dem Wasser. An dieser Stelle gilt es wieder, die Symbolsprache zu entschlüsseln. Wasser steht für das Unbewusste. So darf man hier schließen, dass sich das Glückskind, die Quelle des Lebensglücks, ins Unbewusste rettet und hier im Verborgenen weiterlebt. Dass der innerste Kern trotz aller Kränkungen, Verletzungen und »Tötungsversuche« unverletzt geblieben ist, muss auch in der Psychotherapie als ein tröstliches Bild aufgenommen werden, woran es anzuknüpfen gilt. Das Glückskind hat überlebt, so die Aussage; daher macht es Sinn, in jedem Menschen nach ihm zu suchen.

Bei allen Nachteilen, die sich bei einem ausschließlich vom Herrscher-Ich bestimmten Leben ergeben, hat auch diese Seite unserer Persönlichkeit ihre Berechtigung. Der König vertritt auch das Realitätsprinzip und damit das logische, sachliche Denken, das für die Bewältigung des Alltags unentbehrlich ist. Würden wir als Erwachsene nur aus unserer Fantasie, aus Spontaneität und Gefühl heraus leben, könnten wir den Alltag nicht bewältigen.

Das Märchen weist uns den Weg, das Problem der Einseitigkeit zu lösen: durch die eheliche Verbindung des Glückskinds mit der Tochter des Königs, das heißt durch die Verbindung der beiden scheinbaren Gegensätze. Aber gerade das will der König verhindern. Er versucht um jeden Preis, seine Einseitigkeit aufrechtzuerhalten. Das gesunde »sportlich-faire« Wettbewerbsdenken, das Menschen anspornt, über sich hinauszuwachsen, ist in unserer Leistungsgesellschaft pervertiert zum Konkurrenzdenken. Nur einer kann gewinnen, unausweichlich wird der andere zum Rivalen, den es zu besiegen gilt. Für den König ist das Glückskind ein solcher Rivale. Darum ist er in diesem Märchen in gewissem Sinne negativer einzuschätzen als der Teufel.

Der Ort im Körper, wo Menschen Glück fühlen und wahrnehmen, ist besonders das Herz. Der Volksmund verwendet typische Ausdrücke wie *Herzenswärme, sich herzlich freuen, Menschen, die ein weites oder großes Herz haben,* um dies zu symbolisieren. Demgegenüber ist der »König mit dem bösen Herzen« jemand, der letztlich wenig oder kaum Glück erleben wird. Psychosomatisch bedeutet dies die Verengung der Herzkranzgefäße und ist eine Ursache für Herzinfarkt oder Angina pectoris.

Die Welt ist voll von Menschen, die sich zu sehr mit ihrem Herrscher-Ich verbunden haben, und dies ist eine erste Erklärung, warum so viele unglücklich sind. Höchst bedeutsam sind die Folgen dieser einseitigen Herrschaft, die die Menschen dazu bringt, ihr inneres Glückskind am Mitleben zu hindern: Selbstzweifel, Selbsthass, Neid, innere Leere, das Gefühl, unzulänglich zu sein und viel tun zu müssen, um geliebt zu werden.

Die Erziehung beginnt früh in der Kindheit. Angepasstes Verhalten wird gelobt, und Kinder können von Lob nicht genug bekommen. Sie brauchen die Gewissheit, dass sie gut und liebenswert sind. Erhalten sie neben Lob für ihr angepasstes Verhalten auch die vorbehaltlose Liebe ihrer Eltern, können sie ein gesundes Selbstvertrauen aufbauen. Solche Kinder werden später nicht abhängig sein vom Lob anderer. Viele Erwachsene jagen jedoch immer noch wie Kinder hinter Lob und Anerkennung her, weil sie nur dadurch das Gefühl haben, »richtig« zu sein. Sie verbiegen sich, wollen überlegen sein, haben Angst vor Fehlern, weil sie fürchten, abgewertet zu werden. Perfektionismus, den so viele betreiben, ist oft die Tarnung der eigenen Unsicherheit, hinter der sich Angst vor Unzulänglichkeit verbirgt.

Für diese Menschen sind Lob, Erfolg und gesellschaftliche Anerkennung wie Drogen, die Glück versprechen. Gleiches gilt für Besitz, Konsumgüter, Reichtum usw. Sind diese Drogen nicht erreichbar oder stehen sie nicht in genügendem Umfang zur Verfügung, sind Gefühle der Leere und der Angst, Unzufriedenheit und Depression oder auch Aggression und ähnlich negative Emotionen die Folge. Um das unangenehme Gefühl der Frustration loszuwerden, greifen sie zu eigentlichen Suchtmitteln wie Alkohol oder werden zu Workaholics, esssüchtig, konsumsüchtig usw.

Der König ist mit seiner Art, Glück zu gewinnen, ganz offensichtlich einem folgenschweren Irrtum erlegen. Wenn jemand in unserer Konsumgesellschaft in die Herrscher-Ich-Falle tappt und auf die eine oder andere Art süchtig wird, bleibt dies lange unbemerkt, weil Leistung und Erfolg größte Wertschätzung genießen. Wenn Menschen im »süchtigen« Stadium angelangt sind, wirkt die Droge nicht mehr, weil Lob und Erfolg nur noch kurzfristig ein gutes Gefühl vermitteln, doch können sie wegen ihrer Abhängigkeit von äußerer Bestätigung nicht mehr darauf verzichten. Ein Bild soll dies veranschaulichen: Wenn wir einem Hungrigen ein schmackhaftes Mahl servieren, ihm aber nur einen Bissen von jeder Speise gestatten, wird sein Hunger mit Sicherheit jetzt noch viel quälender sein als vorher. Dies ist einer der Mechanismen, der in der Konsumgesellschaft Abhängigkeiten schafft.

Bei der Auseinandersetzung mit dem Märchen wird deutlich, dass viele Menschen *schlafen,* denn sie sind sich ihrer Abhängigkeiten nicht bewusst. So sind auch ihre Gefühle gedämpft, stark kontrolliert, betäubt oder eher depressiv. Sie vermissen Fröhlichkeit und echte Freude und damit auch vielfach das Gefühl, glücklich zu sein. Folgen wir den Bildern des Märchens und lassen wir uns von ihnen leiten.

Der Wille ist schwach und eine vergleichbar geringe Energie. Demgegenüber ist der Glaube die stärkste Energie im Menschen. Wer wirklich etwas ändern will, muss sich deshalb mit seinen geheimen Überzeugungen auseinander setzen. Dazu werden bei der weiteren Auseinandersetzung mit dem Märchen Vorschläge erarbeitet.

Die Müllersleute oder das geschenkte Glück

Kinderlosigkeit kann eine harte Prüfung sein. Die Sehnsucht, endlich ein Kind zu haben, kann ebenso lebensbestimmend sein wie die Sehnsucht nach Geborgenheit bei liebevollen Eltern. Daher ist es in zweierlei Hinsicht eine Gunst des Schicksals, dass das Glückskind bei den Müllersleuten ankommt: zum einen für das Kind, das neue Eltern findet, zum anderen für die Müllersleute, deren größter Wunsch in Erfüllung geht. Diese Szene steht für das Glück, das dem Menschen »zufällt«.

Für das Glückskind bedeuten die Müllersleute zweifellos großes Glück: Es wird mit Freude aufgenommen. Es erlebt Herzlichkeit und Fürsorglichkeit. Und es wird an Kindes statt angenommen, ein Vorgang, der auf der seelischen Ebene für jeden Menschen notwendig ist. Die freudige Annahme des Glückskindes durch die Müllersleute, die es als Geschenk Gottes betrachten, ist ein Symbol für das bedingungslose Ja der Eltern zu ihrem Kind. In diesem Sinne will jedes Kind von seinen Eltern adoptiert werden. Aber nicht jedes Kind hat Eltern, die ihm dieses *bedingungslose Ja* zu geben vermögen. Welch schwerwiegende Folgen es hat, wenn dieses Ja fehlt, werden wir später sehen. Hier soll der Hinweis reichen, dass die Geburt eines Kindes nicht automatisch auch das bedingungslose Ja seiner Eltern hervorruft. Wie vorbehaltlos Eltern ihr Kind annehmen können, hängt von vielen Faktoren ab: Sind sie in Liebe verbunden, und wollen beide dieses Kind? Ist der Zeitpunkt von Schwangerschaft und Geburt für die Erweiterung der Familie passend? Entspricht das Kind den Erwartungen? Stimmt sein Geschlecht mit den Wünschen der Eltern überein?

Eltern sind nicht die einzige schicksalbestimmende Macht für ein Kind. Vieles hängt auch von Faktoren ab, auf die Eltern keinen Einfluss nehmen können; Erbanlagen und die Umweltsituation seien hier genannt. Doch wissen wir, dass der Einfluss der Eltern, insbesondere der Mutter, auf das kleine Kind bedeutend ist und lebenslange Wirkung zeigt.

Die moderne Säuglingsforschung hat festgestellt, dass bereits die Einstellung, die eine Mutter ihrem Kind während der Schwangerschaft entgegenbringt, von entscheidender Bedeutung für dessen emotionale und körperliche Entwicklung ist. Unerwünschte Kinder sind viel häufiger untergewichtig, sie haben, dies zeigten Untersuchungen, häufig ein labileres Immunsystem und sind daher anfälliger für Krankheiten. Die Freude der Mutter über das werdende Kind wird zum Bestandteil der Seele des Ungeborenen! Aber ebenso haben ihre Ängste und Zweifel, Zwiespältigkeit oder Ablehnung Einfluss auf das werdende Leben. Es ist auch nach der Geburt die

Beziehung zur Mutter, die maßgeblich an der Entwicklung des Urvertrauens des Kindes beteiligt ist.

Ob ein Mensch als Erwachsener einseitig vom Herrscher-Ich bestimmt wird oder ob sich auch das innere Glückskind Gehör verschaffen kann, hängt von seinem *Selbstgefühl* ab. Darunter versteht man das Gefühl, das ein Mensch sich selbst gegenüber empfindet: Wie sicher fühlte ich mich in meiner Haut? Wie ausgeprägt ist mein Urvertrauen? Spüre ich inneren Halt? Das Selbstgefühl unterliegt natürlichen Schwankungen, beobachtet man es aber über einen längeren Zeitraum hinweg, so erscheint es konstant.

Darauf, wie viel Glück (oder Pech) wir vom Schicksal zugewiesen bekommen, haben wir keinen Einfluss. Es ist nicht das Glückskind, das die Schachtel, in der es liegt, zu den Müllersleuten steuert. Und es ist der König, der es mit vierzehn Jahren auf den Weg schickt; es verlässt die Müllersleute nicht aus eigener Initiative. Das Schicksal hat das Glückskind einerseits durch eine unbekannte gütige Macht und andererseits durch einen böswilligen Menschen auf seinen Weg gebracht. Die Gefahren auf dem Weg muss der Junge dann aber selbst bewältigen, auch die Chancen, die sich ergeben, muss er selbst wahrnehmen.

Dem Glückskind fällt dies leicht, weil das Schicksal es mit einer Glückshaut ins Leben entlassen hat. Es gibt Menschen, die in der Kindheit ein gesundes Selbstgefühl entwickeln konnten. Aber viele haben diesbezüglich ein Defizit. Soll das Leben gelingen, muss allerdings jeder als Erwachsener sein Leben eigenverantwortlich in die Hand nehmen. Wem das Schicksal ein schwaches Selbstgefühl mit auf den Lebensweg gegeben hat, wird oft nur mit Mühe den Anforderungen des Erwachsenenlebens genügen. Viele scheitern zunächst. Zuerst müssen sie ihr Selbstgefühl stärken, bevor sie das Lebensglück finden können. Das Selbstgefühl kann aber nicht von einem Tag auf den anderen verbessert werden. Dazu braucht es korrigierende, positive Erfahrungen über einen längeren Zeitraum. Dies kann geschehen durch eine Änderung in der Umgebung des betreffenden Menschen oder auch im Rahmen einer Psychotherapie.

Noch etwas kommt hinzu: Eine Glückserfahrung ist immer höchst individuell. So kann eine Reise mit dem Segelschiff ein herrliches Vergnügen, für den Seekranken eine schlimme Tortur sein. Ob wir etwas als Glück erfahren, hängt stark von unserem Blickwinkel ab. Ob wir das Glas als halb voll oder halb leer betrachten, ändert nichts am Inhalt, aber viel an unserem Lebensgefühl!

Die Räuber oder die innere Anarchie und das Recht auf Glück

Mit vierzehn Jahren soll das Glückskind gemäß der Weissagung die Tochter des Königs heiraten. Vierzehn Jahre alt ist der Junge, als der König ihm wieder begegnet und einen weiteren Versuch unternimmt, ihn zu töten.

Mit der Pubertät wächst das Interesse am anderen Geschlecht; fast jeder hat sich in diesem Alter zum ersten Mal verliebt und erinnert sich an den Zustand, der, sofern die Liebe erwidert wurde, bis in die höchsten Höhen der Glücksgefühle tragen konnte!

Wer sich verliebt, wird innerlich wie ein Vierzehnjähriger oder wie eine Vierzehnjährige: nur halb erwachsen, weil die Realität an Bedeutung verliert und Schwärmerei, Hochstimmung und rauschhafte Gefühle das Leben in dieser Verfassung dominieren. Und manchmal werden Verliebte wie kleine Kinder. So sprechen sie nicht selten miteinander in einer kindlichen Sprache. Verliebte erleben einen intensiven Kontakt mit ihrer inneren Glückshaut. Von außen gesehen handelt es sich dabei um einen fast krankhaften Vorgang, der einen Menschen dazu bringt, jede Vernunft auszuschalten.

Harte moralische Forderungen des Herrscher-Ich können verhindern, dass Menschen ihren Gefühlen folgen und sich zu verlieben wagen. Es gibt umgekehrt Erwachsene, die diesen Zustand immer wieder suchen. Sie zeigen Zeichen einer regelrechten *Liebes-*

sucht.[2] Sich verlieben, mit dem einzigen Ziel, die überschwänglichen Gefühle nochmals und nochmals zu erleben, hat bei genauer Prüfung die Aufgabe, von den eigentlichen Problemen abzulenken, und wird zur Flucht vor echten Beziehungen.

In der Beschreibung innerer Vorgänge ist das Märchen außerordentlich schlüssig. Den König haben wir als innere Instanz erkannt, die das Herrscher-Ich repräsentiert, er steht auch für die Einhaltung von Recht und Ordnung sowie der herrschenden Moral und vertritt das »Über-Ich«, wie S. Freud den Teil des Gewissens nannte, der aus den verinnerlichten Werten besteht, die uns in der Kindheit geprägt haben.

Die Räuber sind wie das Glückskind, nur in anderer Weise, Gegenspieler des Königs und müssen ebenfalls als innere Anteile eines Menschen verstanden werden. Sie repräsentieren dessen anarchische Seite. Wie Jugendliche, die sich in der Pubertät von den Eltern ablösen müssen, missachten sie alle gesellschaftlichen Regeln und wollen alles zerstören, was aus der Welt stammt, die vom Herrscher-Ich regiert wird. Im Gegensatz zum König, im Gegensatz zur gefühllosen, sturen Moral haben die Räuber aber ein Herz und Sinn für Gerechtigkeit – wie Jugendliche auch, die ein gesundes Empfinden für die Ungerechtigkeiten in der Welt haben.

Es ist für Eltern nicht leicht, ihre heranwachsenden Kinder selbstständig werden zu lassen. Vielfach versuchen sie in vermeintlich bester Absicht, die Kontrolle über ihre Kinder aufrechtzuerhalten. Die Räuber im Märchen weisen auf die Notwendigkeit der Pubertät hin. Zur Reifung der Persönlichkeit ist es zwingend, Widerstand gegen das elterliche System zu entwickeln. Es ist notwendig, in dieser Phase sogar über das Ziel hinauszuschießen und den Kräften der Anarchie eine ganze Zeit lang mehr Raum zu geben, als Eltern und Gesellschaft lieb ist, um letztlich zu einer eigenen Haltung und zur eigenen Mitte zu finden. Jugendliche, die diese Phase nicht durchleben konnten, wachsen zu überangepassten Menschen heran und wirken freudlos, pessimistisch, gebrochen und meist unterschwellig aggressiv.

Wir kommen dann mit unserer inneren Glückshaut in Kontakt, wenn wir unser »wahres Selbst« leben. Auch Erwachsene brauchen daher solche inneren anarchischen Kräfte, die dafür sorgen, dass sie sich nicht nur an äußeren Werten orientieren und den eigenen Weg vergessen. Die Räuber, die sich über die Gesetze hinwegsetzen, vertreten daher auch die inneren Kräfte, die auf das Recht auf eigenes Glück pochen und es mittels Widerstand gegen die herrschenden Werte durchsetzen. Wer nur nach Regeln und Vorschriften lebt, sich jedes Gefühl verbietet und Moral als das höchste Gut betrachtet, der wird seine Lebendigkeit verlieren und inneres Glück nicht erleben, er wird es vielmehr zerstören. Menschen mit übertriebenen Moralvorstellungen sind nicht in der Lage, sich tief und ehrlich zu freuen. Sie sind gehemmt und in Zwänge verstrickt, die nicht leicht aufzulösen sind.

Allerdings sollte das Ausmaß der inneren und äußeren Anarchie nicht so zerstörerisch sein, dass der Kontakt zur Gemeinschaft verloren geht. Drogenabhängige Jugendliche sind ein bedrückendes Beispiel für den Verlust von Kontakt und Bindung an Eltern und Gesellschaft. Im Drogenkonsum verbinden sich die Suche nach Glückserfahrungen und der Protest gegen die Eltern, gegen die Regeln, gegen die Gesellschaft, die ihnen das Glück vorenthalten, auf selbstzerstörerische Weise.

»Alles, was gut tut, ist verboten, unmoralisch oder macht dick«, so ein ketzerischer Spruch. Lernen, für die eigenen Bedürfnisse einzutreten, sollte ein wichtiges Ziel für alle sein, deren Eigenimpulse durch Erziehung zu sehr beschränkt wurden. Hilfreich ist die Aktivierung und der Einsatz aller Sinne: des Hörens, Sehens, Fühlens, Riechens und Schmeckens. Die sinnliche Erfahrung ist notwendig, um Lust zu erfahren, denn gerade die Fähigkeit zu genießen ist bei Menschen mit einem strengen Herrscher-Ich unterentwickelt. Um Bedürfnisse nicht mehr zu spüren, die sie sich nicht zu erfüllen wagen, suchen sie häufig Betäubung. Es gilt daher, die Sinne wieder zu trainieren, etwa indem man sich Zeit nimmt, eine Landschaft in Muße zu betrachten, ein bevorzugtes

Musikstück zu hören oder ein gutes, gesundes Essen zu genießen. Es gilt wieder zu lernen, wie sich das sanfte Streicheln einer Hand oder des Windes oder die angenehme Wärme der Sonne auf der Haut ausnimmt.

Für Menschen, denen als Kind zu wenig Grenzen gesetzt wurden, für verwöhnte Kinder, trifft das Gegenteil zu. Sie müssen lernen, selbstsüchtige Tendenzen zu reduzieren zugunsten eines besseren Verständnisses für andere. Der goldene Mittelweg findet sich in einer Balance zwischen Geben und Nehmen.

Der König, den man täuschte, oder die Lektionen des Lebens

Das Hochzeitsfest krönt die Zeit der Verliebtheit. Die Schwüre ewiger Liebe und Treue sind fast alle ehrlich gemeint, und viele Verliebte glauben tatsächlich daran, dass ihre Liebe einzig ist und zeitlebens anhalten wird. Mögliche Krisen, die jede Beziehung erfährt, wollen nicht erkannt werden, denn das Verliebtsein ist immer mit einer mehr oder weniger starken Idealisierung verbunden. Dies hängt damit zusammen, dass die Geliebte, der Geliebte eine tiefe Sehnsucht und Bedürftigkeit im Innern der Seele befriedigt. Um in diesem seligen Zustand verbleiben zu können, wird die Realität ausgeblendet. Die Menschen um das Liebespaar herum erkennen dies und lächeln. Die Lebenserfahrung zeigt, dass die Realität schon bald die Täuschung offen legen wird. Je stärker die unrealistische Idealisierung, desto schmerzhafter die Enttäuschung.

Der König, der nach seiner Rückkehr Tochter und Glückskind gegen seinen Willen verheiratet sieht, greift als Verkörperung des Realitätsprinzips ins Geschehen ein. Das Verliebtsein wird abklingen, die wahren Schwierigkeiten, die ein Mensch mit sich selbst und im Umgang mit anderen hat, werden sich einstellen, und jeder wird vor gerade die Probleme gestellt, die nur er zu lösen vermag. Es sind seine Lebensaufgaben. Es geht bei dem Auftrag des Königs, von dessen Gelingen die dauerhafte Beziehung des Glückskindes zu seiner Tochter abhängt, um die Prüfungen des Lebens, die ein Mensch bestehen muss, um zu tieferem und dauerhafterem Glück zu gelangen, als es Geld, äußerer Erfolg und die Spaßgesellschaft zu bieten vermögen. Die harte Forderung des Königs, in die Hölle zu gehen und dem Teufel seine drei goldenen Haare zu rauben, bezweckt nichts anderes, als das Glückskind zu veranlassen, den Weg zu beschreiten, den jeder Erwachsene zu gehen hat.

Jeder Mensch hat unterschiedliche und unterschiedlich schwierige Lebensaufgaben zu bewältigen. In der Beziehung zu den Eltern, die, wie wir gesehen haben, als sehr bedeutsam zu betrachten ist, lernt ein Kind, wie Beziehung funktioniert: wie Kontakte geknüpft werden, wie sich Liebe entwickelt, wie Familienleben gelingt, wie Zärtlichkeit und andere Gefühle ausgetauscht werden. Bekannt ist, dass das Vorbild der Eltern und auch die Beziehung zu ihnen in den einzelnen Entwicklungsphasen wichtig sind für die Beziehungsfähigkeit als Erwachsener. Die Schwierigkeiten, die die Beziehungen innerhalb der Familie geprägt haben, stellen sich in anderer Form erneut ein, wenn jemand in einer Partnerschaft oder auch eigenständig lebt. Er wird mit sich selbst konfrontiert, und es wird sich zeigen, ob er zu einem selbstverantwortlichen Leben in der Lage ist. Um es in einem Bild zu beschreiben, könnte man sagen, dass auf der Bühne des Lebens ein bestimmtes Drama in unterschiedlichen Kulissen und mit wechselnden Schauspielern immer wieder aufgeführt wird, bis es gelingt, dieses Stück umzuschreiben und ihm ein glücklicheres Ende zu ermöglichen. Aber auch das neue Stück wird ohne Irrungen und Verwicklungen, Leid und Freude, Angst und Mut nicht auskommen. Das Leben bleibt ein Abenteuer und will als solches angenommen werden.

Die Trennung des Glückskindes von der Königstochter ist symbolisch zu verstehen. Es geht nicht um räumliche, sondern um eine seelische Trennung. Nach der Phase der Verliebtheit, wenn die Geliebte, der Geliebte zu einem ganz gewöhnlichen Menschen geworden ist und wir unser altvertrautes »Beziehungsdrama«

inszenieren, kommt es zu Auseinandersetzungen, und wir glauben, dass das Problem im Partner begründet ist. »Wenn er mich lieben würde, würde er sich nicht so verhalten!«, so die verzweifelte Klage. Dabei ist das Problem in uns selbst zu suchen. Nur hier können wir es entdecken und bearbeiten.

2. Teil
Auf dem Weg zur Hölle oder drei Prüfungen

Die Logik des Leids

Drei goldene Haare soll das Glückskind vom Haupte des Teufels holen. Dies symbolisiert einerseits drei typische und entscheidende Problembereiche, andererseits wird darauf verwiesen, dass es immer auch um erweiterte Wahrnehmung und spirituelles Bewusstsein geht. Die Prüfungen und Schwierigkeiten, die sich Menschen in den Weg stellen, sind für die persönliche Weiterentwicklung von zentraler Bedeutung. Werden sie bewältigt, wirken sie positiv auf die Persönlichkeit. Schmerz, der durchlitten wurde, ist wertvoll, weil wir daran reifen durften.

Der Weg in die Hölle ist unvermeidbar, es ist der Weg, den jeder Mensch zu gehen hat. In jedem Leben gibt es Zeiten, die uns wie die Hölle vorkommen: Streit, Verlust, Krankheit, Tod und daraus entstehende Ängste und Depressionen sind mehr oder weniger intensive Begleiter in jedem Leben. Und die Lebensaufgabe, sich mit den eigenen Schattenseiten auseinander zu setzen, führt unweigerlich in die »Hölle«. Seelisches Leid gehört *mit* in das Zentrum des menschlichen Lebens. Verweigern wir ihm diesen Platz, wird es uns nur stärker quälen.

In Form des Leids vermittelt die Seele uns wichtige Botschaften. Leid bietet immer die Chance, mit der Seele in einen Dialog zu treten. Es will aus zwei Gründen verstanden werden: zum einen, weil es uns bewusst macht, dass wir das gleiche Schicksal haben wie alles Lebende in der Natur, zum anderen, weil es die Irrtümer aufzeigt, die vom lebenswerten Leben abhalten. Ein goldenes Haar vom Haupt des Teufels symbolisiert die Antwort auf eine psychische Krise. Nahezu niemand wird während seines Lebens von psychischen Krisen verschont bleiben. Fast immer bietet eine Krise die Möglichkeit, das Bewusstsein zu erweitern und zu wachsen.

Drei Geheimnisse – die jeder kennen sollte

»Ich weiß alles«

Auf dem Weg zur Hölle gelangt das Glückskind zu drei Orten, an denen das Leben für die Bewohner fast unlebbar geworden ist. Jedes Mal erfährt es von dem Problem, weil es auf die Frage, was es denn wüsste, antwortet: »Ich weiß alles.«

Diese Aussage des Glückskindes klingt überheblich. Wer den Text des Märchens weiterliest, erkennt bald, dass der Glücksjunge zunächst überhaupt nichts weiß, sondern dem Teufel die Antworten auf seine Fragen noch entlocken muss, und dies auf gefährliche und umständliche Art und Weise. Ohne die Ellermutter des Teufels, die den Glücksjungen in eine Ameise verwandelt, sodass ihn der Teufel nicht sieht, er aber doch hört, was dieser zu sagen hat, würde er die Rätsel nicht lösen können.

Stellen wir uns die Hölle als einen Bereich unserer Seele vor. Im Unbewussten liegen die Antworten auf alle unsere existenziellen Probleme. Die menschliche Entwicklung ist in den Genen eines jeden Menschen vorprogrammiert. Ähnlich wie bei einer Blüte, deren Anlage bereits im Samen der Pflanze vorhanden ist, ist der Mensch als vollständiger Mensch bereits angelegt, physisch betrachtet in den Zellen, psychisch im Unbewussten. In diesem Sinne dürfen wir sicher davon ausgehen, dass wir, genauer, dass etwas in uns alles weiß. Die enorme Einengung unseres Blickwinkels geschieht im Verlauf unserer Entwicklung, weil wir nicht einfach wie Kinder ohne Berücksichtigung der Realität leben können. Wir müssen uns der Umwelt anpassen, um zu überleben. Irgendwann im Verlauf des Erwachsenwerdens erhält die äußere Realität mit ihren Herausforderungen ein solches Übergewicht, dass sich die Türe zur Seele schließt. Hellsichtige Menschen sind aus einer Naturbegabung heraus in der Lage, das Unbewusste förmlich anzuzapfen und erstaunliche Dinge zu erkennen und das gewonnene Wissen auch nutzbringend zu verwenden.

Wie gelingt es, die Tiefen und Weisheiten unseres Unbewussten zum eigenen sowie zum Nutzen unserer Umwelt zu erschließen? Die Religionen haben Übungen wie die Meditation entwickelt, um die Türe zum Unbewussten wieder zu öffnen, und verschiedene psychotherapeutische Techniken dienen dem gleichen Zweck. Das Glückskind lässt sich das Problem jeweils mitteilen, nimmt es zur Kenntnis ohne sofortigen Handlungsbedarf. Es verspricht, bei der Rückkehr die Antwort mitzubringen. Dies ist auch der Weg, der bei Lebensproblemen gewählt werden sollte: Das Problem muss zuerst zu Tage gefördert werden und bekannt sein, bevor entschieden werden kann, mit welcher Strategie man es angehen will.

In diesem Sinne soll zunächst gezeigt werden, welche Probleme in den Märchenbildern vom vertrockneten Brunnen, vom absterbenden Apfelbaum und vom ewigen Fährmann zum Ausdruck kommen. Der Umgang mit diesen Problemen wird später ausführlich besprochen.

Der Brunnen, aus dem kein Wein mehr quillt

Zunächst gelangt das Glückskind in eine Stadt, deren Brunnen versiegt ist. Zuvor war Wein daraus geflossen, jetzt spendet er nicht einmal mehr Wasser. Dieses Bild entspricht dem Lebensgefühl eines Menschen, der von seiner Vitalität abgeschnitten ist. Der Brunnen, aus dem in guten Zeiten Wein floss, ist die innere Quelle von Freude und Glück.

Märchen sprechen in Bildern, die nicht konkret verstanden werden dürfen. Der Wein, der aus diesem nun versiegten Brunnen floss, ist kein Bild für etwas, das von außen zugeführt wird, um ein rauschhaftes kurzes Glück zu erzeugen: ein berauschendes Getränk, ein Lotteriegewinn, ein Sieg usw. Der Wein aus dem Brunnen steht für eine gehobene gute Stimmung, er steht für innere Fröhlichkeit und Glück, ausgelöst durch Zufriedenheit, Versöhnlichkeit und Liebe. Er symbolisiert Lebensfreude und Hochgefühl. Im Grunde ist er ein neues, ein anderes Bild für die Glückshaut.

Der Brunnen, der nicht einmal mehr Wasser spendet, steht für das andere Ende der Glücksskala. Alles ist verdorrt, trostlos, unlebendig, depressiv. Viele Menschen kennen Zeiten, die von Leere und Trostlosigkeit geprägt sind. Fehlt der innere Wein, so fehlt die Lebensfreude. Wenn sogar das Wasser versiegt ist, das den körperlichen Durst zu stillen vermag, für das Leben unverzichtbar ist und unsere natürliche Existenz ermöglicht, dann haben wir das Bild einer Depression vor uns, in der jede Initiative erlahmt ist.

Alle Menschen kennen Stimmungsschwankungen. Mal fühlen sie sich gut, mal weniger gut, das ist »normal«. Die Stimmung schwankt mäßig, und so sind wirkliche Hochgefühle ebenso selten wie tiefe Verzweiflung und Schwermut. Sechs bis neunzehn Prozent der Bevölkerung erkranken jedoch mindestens einmal während ihres Lebens an einer Depression, einer krankhaften Veränderung der Gemütslage. Sie geraten in eine dunkle Stimmung, die sie oft nicht ohne Hilfe zu durchbrechen vermögen. Schwierig ist das Leben auch für Menschen, die starken Stimmungsschwankungen unterworfen sind. Sie pendeln zwischen »himmelhoch jauchzend« und »zu Tode betrübt«. Im Gegensatz zu depressiven Menschen fühlen sie sich aber lebendig.

Der Baum, der keine goldenen Äpfel mehr trägt

In der nächsten Stadt, in die das Glückskind gelangt, geht es um die zweite Frage, die eng mit dem Glück im Leben eines Menschen verbunden ist. Die Menschen in dieser Stadt klagen darüber, dass ein Baum, der zuvor goldene Äpfel trug, jetzt nicht einmal mehr Blätter hervorbringe. Der Baum, der goldene Früchte zu erzeugen vermag, entspricht dem Lebensbaum. Dieser symbolisiert aus tiefenpsychologischer Sicht das Selbst eines Menschen, also seine umfassende Persönlichkeit, zu der das Bewusstsein wie auch das Unbewusste,

Geist und Seele gehören. Der Baum, der goldene Äpfel trägt, symbolisiert demzufolge gelungenes Leben: einen Menschen, der Früchte »trägt«, der im übertragenen Sinne Wertvolles für sich und andere hervorbringt. Ein solcher Mensch ist im Einklang mit der äußeren und inneren Natur. Er berücksichtigt die Anforderungen der äußeren Welt und hat immer auch Kontakt zu dem, was von innen zum Mitleben drängt. Dies gibt ihm das Grundgefühl, dass das Leben einen Sinn hat. Gelungenes Leben ist sinnvolles Leben. Auch ist zu erkennen, dass der Baum, der goldene Äpfel trägt, wiederum ein neues Bild für die Glückshaut ist.

Wenn der Lebensbaum keine goldenen Früchte, ja nicht einmal mehr Blätter zu bilden vermag, stellt sich die Frage nach dem Sinn des Lebens. Wenn alles öde ist, wenn keine Lebensfreude mehr aufkommt, weil der »Wein des Lebens« nicht mehr fließt, stellt sich die Frage: »Wozu und warum lebe ich denn überhaupt?« Dabei geht es um mehr als um die Ziele der Konsum- und Leistungsgesellschaft: eine gute Position an der Arbeitsstelle, ein eigenes Haus, Ferien auf den Seychellen, ein gesichertes Alter... Selbstverständlich ist es nicht unwichtig, was ein Mensch mit seinen Händen und seinem Geist schafft, denn auch hier finden sich Wert und Glück. Müssten sich dann aber Arbeitslose, Behinderte, diejenigen, die nichts produzieren können, etwa alte und kranke Menschen, nicht völlig wertlos fühlen? In unserer Leistungsgesellschaft wird grundsätzlich nur dem aktiv am Bruttosozialprodukt Beteiligten ein Wert beigemessen, der zudem abhängig ist von der Höhe seines Einkommens. Lebenssinn wird aber nicht gefunden, wenn die Werte unserer Leistungsgesellschaft einziger Maßstab sind.

Die Frage nach dem Sinn des Lebens stellt sich jedem erwachsenen Menschen und in jeder Lebenssituation. Sie wird jedoch ernsthaft nur von einer Minderheit zu beantworten gesucht. Viele Menschen leben wie Hamster im Rad. Sie stehen morgens auf, gehen zur Arbeit, von der sie abends nach Hause kommen, und nachdem sie sich zerstreut haben, gehen sie schlafen, um aufzuwachen und wieder zur Arbeit zu gehen. Das befriedigt sie eine gewisse Zeit, zunehmend fühlen sie sich aber wie der Baum, der nicht einmal mehr Blätter hervorbringt. Alles ist sinnlos, öde und verdorrt.

Viele psychosomatische Krankheiten sind *Sinnkrankheiten,* die Menschen befallen, denen es nicht gelungen ist, innere Zufriedenheit und Glück über ein erfülltes Dasein zu erleben. Die Frage ist daher lebenswichtig: Wie kann erreicht werden, dass ein Leben wieder goldene Früchte trägt?

Der Fährmann, der endlos hin- und herfahren muss

Zwei Mangelsituationen ist das Glückskind bereits begegnet: dem ausgetrockneten Brunnen – dem Verlust der Vitalität und des guten Lebensgefühls – und dem verdorrten Baum – dem fehlenden Lebenssinn. Im dritten Bild des Märchens finden wir die Fortführung der Probleme. Der *Fährmann,* der nicht anders kann, als immer hin- und herzurudern, ist in einen Teufelskreis geraten. Er hat die Freiheit in Bezug auf sein Tun verloren. Zunächst fällt uns hierzu der Arbeitssüchtige ein, der zwanghaft seine Arbeit verrichten muss, ohne damit aufhören zu können. Viele Menschen entwickeln Zwänge und Süchte nach dem Muster des Fährmanns.

Tatsächlich sind viele Menschen mit sinnlosen Tätigkeiten beschäftigt, die sie von ihrem eigentlichen Elend ablenken. Sie sind überaktiv, weil sie vor sich selbst auf der Flucht sind. Sie betäuben sich mit Geschäftigkeit und vermeiden es, wirklich wach zu werden, was notwendig wäre, um das Problem an der Wurzel anzupacken.

Besonders deutlich wird der Verlust der Kontrolle bei Suchtkranken. Ihr Versuch, Probleme mit Suchtmitteln zu bewältigen, führt sie immer tiefer in Sinnlosigkeit, emotionale Verarmung, in Suizidalität, körperlichen und geistigen Verfall. Hauptmerkmal der Süchte, nicht nur der »stoffgebundenen« wie Alkohol, Medikamente und illegale Drogen, sondern auch der süchtigen Verhaltensweisen ist der Verlust der Kontrolle über das »Suchtmittel«, weil der Körper den »Stoff« braucht wie die Luft zum Atmen. Über drei

Millionen Menschen sind in den alten Bundesländern konsumsüchtig, etwa zwölf Millionen zeigen ein zwanghaftes Kaufverhalten. Sie kaufen Gegenstände, die sie nicht benötigen. Betroffen sind hier vorwiegend Frauen, die ständig auf der Jagd sind nach Sonderangeboten, weil ihnen der Kauf eines Schnäppchens kurzfristig das Gefühl vermittelt, Glück gehabt zu haben, oder weil sie sich durch den Kauf von Luxusgegenständen selbst ein wenig Zuwendung und Liebe schenken. Auch Männer versuchen oft durch Kaufen depressive Gefühle zu vermeiden oder aufzuheben. Sie glauben, in teuren Statussymbolen wie Autos oder Sportgeräten Problemlöser gegen ihre innere Leere zu finden. Es gelingt damit jedoch nicht, aus dem Teufelskreis der Sinnlosigkeit und Depression auszusteigen.

Im *Fährmann* finden wir auch ein Bild für all jene, die ein psychisches Leiden entwickeln, das ihr Leben bestimmt, als gäbe es sonst nichts auf der Welt. Ob jemand eine Phobie, Zwangsneurose oder Sucht entwickelt – er fühlt sich fixiert auf sein Symptom.

Traditionell steht der Fährmann in Märchen und Mythen für den Tod. Er ist es, der die Seele *an das andere Ufer bringt.* Manchmal kann jedoch auch das Leben wie Tod sein. Jemand ist gefangen in einer ausweglos erscheinenden Situation, in einem quälenden Symptom, in einer schlimmen Krankheit, in einer Sucht. Die Ehefrau eines Alkoholikers sagte in einem Familienseminar: *Ich war mit einer Leiche verheiratet.* Wir erkennen, dass es um den seelischen Tod geht, der sich bei jedem einstellen kann.

Das Märchen hat mit traumwandlerischer Sicherheit Bilder für die drei zentralen Problembereiche gefunden, die innerem Glück entgegenstehen: das erstorbene Lebensgefühl, die sich daraus ergebende Sinnleere und der Zwang, an Stelle von sinnvollem Tun etwas Sinnloses tun zu müssen.

Glück kann nur erfahren, wer Gefühle – gute und weniger gute – zu erleben und zu spüren vermag. Die Stimmung allein macht jedoch wirkliches Glück noch nicht aus, das wird an den illegalen Drogen und den legalen chemischen Stimmungsmachern deutlich.

Mit Drogen kann zwar die Stimmung positiv verändert werden, und immer wieder verspricht die Pharmaindustrie Glück aus der Pille. Millionen Menschen nehmen Medikamente, obwohl sie diese nicht wirklich benötigen. Sie erreichen aber nur kurzfristige Erleichterung, langfristig verursachen die künstlichen Stimmungsmacher sogar das Gegenteil: Leid, Schmerz, Tod. Die Pille, die dauerhaft glücklich macht, ist noch nicht erfunden und wird auch nie erfunden werden. Die Seele lässt eine solche Lösung nicht zu. Sie wehrt sich mithilfe von psychischen und körperlichen Symptomen; dies ist ihr Instrument. Damit will sie wachrütteln. Jedes psychische und viele körperliche Symptome können so verstanden werden: als eigentliche Hilferufe und Hilfsversuche der Seele, die darauf aufmerksam machen wollen, dass man sich auf dem falschen Weg befindet.

Das Glücksgefühl des Augenblicks ist etwas sehr Flüchtiges. Wirkliches Glück will über ein ganzes Leben betrachtet werden. *Lebenssinn will gefunden werden,* meint Viktor Frankl, der Begründer der Logotherapie; man kann ihn nicht verordnen. Dazu gehören Reife und Unabhängigkeit, denn nur Menschen, die Verantwortung für ihr Leben übernommen haben, sind zum Lösen dieser Aufgabe in der Lage.

In Krisen und insbesondere am Ende des Lebens stellt sich die Frage: Wofür habe ich gelebt, zu was war ich nutze, wem hat mein Leben gedient? Menschen, die vor ihrem Tod stehen und nicht wirklich gelebt haben, die das Gefühl haben, dass alles sinnlos war, können das Leben nur schwer loslassen. So ist die dritte wesentliche Frage, das Problem des *Fährmanns,* auch die Frage nach dem *Loslassenkönnen.* Wer die Jugend festhalten will, nicht altern kann, ist ein unglücklicher Mensch. Wer seine Kinder nicht loslässt, verursacht emotionales und körperliches Leid bei sich und seinen Kindern. Kinder müssen die Eltern loslassen, weil sie selbst erwachsen werden oder weil die Eltern sterben; das Arbeitsleben muss beendet werden, weil man die Altersgrenze erreicht hat oder aus Krankheitsgründen nicht mehr arbeiten kann. Schließlich ist es die letzte

Aufgabe, das Leben loszulassen. Wir Menschen gehen durch ein Leben, das diese Aufgabe des Loslassens immer wieder stellt. Im *Fährmann* erkennen wir einen unglücklichen Menschen, der nicht loszulassen, sein Ruder nicht zu übergeben vermag. Wie konnte er in diese Situation geraten? Wie findet er aus seinem Dilemma heraus?

Die Antworten auf die existenziellen Lebensfragen sind offensichtlich nicht leicht zu erhalten. – Oder doch? Sagt das Glückskind nicht einfach: »Das sollt ihr erfahren, wartet nur, bis ich wiederkomme«?

Die Großmutter des Teufels und das Verdrängte

Der Junge betritt nun die Hölle. Sie ist schwarz und rußig und steht für den Bereich des Unbewussten, der all das enthält, was im Leben eines Menschen keinen Raum hat, was nicht mitleben darf und *verdrängt* wurde nach dem Prinzip: *Es kann nicht sein, was nicht sein darf.* Es geht hier um Neigungen, die mit den Werten der Gesellschaft, der Familie oder dem Idealbild, das man von sich selbst entworfen hat, in Konflikt geraten.

Schon immer war dieser Bereich suspekt und ängstigte die Menschen. Im Grunde hat jeder eine Ahnung von den dunklen, triebhaften Elementen in seinem Innern. Nahezu jeder kennt sadistische Impulse, die es zu beherrschen gilt, oder erinnert sich an aggressive Fantasien, z. B. wenn er tief verletzt war. Es ist für das Zusammenleben der Menschen unerlässlich, dass solche Tendenzen nicht ausgelebt werden. Andere Neigungen sind nicht so eindeutig »böse«, dürfen aber nicht mitleben, weil sie gesellschaftlich nicht akzeptabel sind. Es ist erstaunlich, was alles nebeneinander in ein- und demselben Menschen leben kann. Einigen inneren Anteilen sind wir in unserem Märchen bereits begegnet: dem Glückskind, dem König, den Räubern.

In der Hölle begegnet das Glückskind nicht dem Teufel, sondern dessen Großmutter. Vielen ist das Märchen aus der Kindheit noch in Erinnerung. Meist fällt ihnen ein, dass sie sich darüber wunderten, dass die Großmutter des Teufels gar nicht so böse aussah. Sie nimmt eine *Vermittlerrolle* ein. Als innere Instanz hat sie eine wichtige Funktion. Der Teufel ist in seiner Bosheit und Brutalität für eine direkte Konfrontation viel zu gefährlich. Man muss schon eine List anwenden, wenn man etwas von ihm will. Übrigens ist das Überlisten des Teufels in vielen Sagen und Märchen ein beliebtes Thema. Es ist jedoch nicht das Glückskind, das eine List anwendet, es gehört aber zum Glück des Glückskindes, dass stets mütterliche Frauen da sind, wenn es sich einer tödlichen Gefahr stellen muss.

Wir müssen dieses Bild der Großmutter des Teufels, die den Glücksjungen nicht nur vor dem menschenfressenden Teufel schützt, sondern ihm auch Informationen zuspielt, im Zusammenhang mit seinem Urvertrauen sehen. In jedem Menschenleben gibt es Situationen, in denen es unumgänglich ist, sich mit gewissen Angst erregenden und bedrohlichen inneren Strebungen auseinander zu setzen. Das Glückskind weicht nicht aus, es stellt sich den Situationen. Dies ist ein Bild für einen guten Umgang mit den eigenen Schattenseiten. Wir können es so verstehen, dass wir bei einer guten Beziehung zur eigenen Innenwelt davor geschützt werden, von bedrohlichen Inhalten aus dem Unbewussten überwältigt zu werden. Im Gegenteil, wir werden unvorstellbar bereichert!

Viele Menschen haben sich nie dafür interessiert, wie es mit ihrem Innenleben bestellt ist. Zu Gunsten eines äußeren, kurzlebigen Glücks vernachlässigen sie die Entwicklung ihrer Persönlichkeit. Sie fragen sich nie, wie sie zu dem Menschen werden könnten, der in ihnen angelegt ist. Es ist aber gerade die Entfaltung des wahren Selbst, der echten Persönlichkeit, die das Lebensgefühl »Glück« vermittelt.

Wer einseitig lebt, verpasst nicht nur das Lebensglück. Die Tiefenpsychologie hat gezeigt, dass das, was zu uns gehört, aber nicht mitleben darf, sich negativ bemerkbar macht und schließlich zu psychischen Störungen führt. Die Heilung besteht darin, dass man sich der eigenen Innenwelt zuwendet. Wer viel verdrängt hat, hat berechtigte Angst vor dem, was da innen auf ihn wartet. Er hat sozusagen keine Großmutter des Teufels, die ihn schützt und ihm hilft. In solchen Fällen ist es ratsam, einen Vermittler für den Kontakt zwischen sich und dem Unbewussten zu suchen.

Die Rolle der Großmutter des Teufels kann mit der Rolle eines Psychotherapeuten verglichen werden. Dieser hat die Aufgabe, bei der Problemlösung auf eine gewisse Art zu helfen. Er kann nichts Konkretes für seinen Patienten tun, aber er kann ihm beim Erkennen der Ursachen seines Leidens helfen.

Oft ist bereits der Entschluss, einen Therapeuten aufzusuchen, mit der Überwindung von Widerständen verbunden. Viele zögern, sich in psychotherapeutische Behandlung zu begeben. Sie haben Angst, sich bedürftig zu zeigen, fürchten, durchschaut zu werden, sich unterlegen, nackt und abhängig zu fühlen. Auch die Angst vor schmerzhaften und unangenehmen Erkenntnissen und Erfahrungen kann zum Problem werden. Daher suchen die meisten erst Hilfe, wenn sie keine andere Wahl mehr haben. Auch der Glücksjunge hat nicht freiwillig, sondern aus Not, gezwungen durch das schicksalhafte Wirken des Königs, den gefahrvollen Weg auf sich genommen. Viele Menschen, die das Schicksal hart anfasst, weichen den Forderungen des Lebens aus. Das Glückskind aber nimmt die Herausforderung des Schicksals an und sucht, einmal auf den Weg geschickt, Lösungen für die bedeutenden Fragen, die das Leben ihm stellt.

Damit er nicht zu Schaden kommt, verwandelt die Ellermutter ihn in eine Ameise, die sich in einer ihrer Rockfalten zu verstecken vermag, wo er für den Teufel unsichtbar ist, aber hören kann, was gesprochen wird. Der Vorgang erinnert an das »Setting« der Psychoanalyse: Dort geht es darum, dass der Klient, entspannt auf der Couch liegend, als wache, kritische Person zurücktritt, sich dem Unbewussten öffnet und alles, was ihm einfällt, mitteilt. Der Therapeut macht sich Notizen, damit die Informationen nicht verloren gehen und später auch bearbeitet und verstanden werden können.

Gleichzeitig bietet die therapeutische Situation dem Klienten die notwendige Sicherheit, dass beschämende, destruktive Gedanken, Gefühle der Ohnmacht und Wut usw. ausgesprochen werden können, ohne Schaden anzurichten.

Es hat Gründe, weshalb wir viele Seiten von uns nicht kennen oder nicht wahrhaben wollen. Zum einen hat jeder Mensch ein bestimmtes Bild von sich, das er unbedingt aufrechterhalten möchte. Im Verlauf der Kindheit hat er dieses Bild von sich selbst entwickelt. Auch wenn es vielleicht falsch, unvollständig, hinderlich, also sehr nachteilig ist, vermittelt es doch Sicherheit – wenn auch oft Scheinsicherheit. Zudem hat die Barriere zwischen Bewusstsein und Unbewusstem eine wichtige Aufgabe im Alltag. Sie schützt vor einer nicht bewältigbaren Informationsflut. Man kann die Psyche mit einem Computer vergleichen. Es wäre unsinnig, wenn alle Informationen gleichzeitig auf dem Bildschirm erscheinen würden. Um arbeiten zu können, sollten nicht mehr als die benötigten Informationen abgerufen werden. Zu viele Informationen belasten nur oder verwirren die Lösung der aktuellen Aufgabe.

Ein psychisches Regulationsinstrument ist der Mechanismus der *Verdrängung*, der erlaubt zu vergessen. Verdrängung hat eine wichtige Funktion, schützt sie doch vor Reizüberflutung. Belastende, ängstigende, kränkende Erfahrungen sinken ins Unbewusste. Damit aber hat das Bewusstsein das Problem nicht endgültig gelöst, denn das Verdrängte führt im Unbewussten ein Eigenleben. Trotz der Nachteile, die der Vorgang der Verdrängung hat, wäre die Bewältigung des Lebens ohne ihn sehr viel schwieriger.

Weil das Verdrängte nicht für immer verschwunden ist, sondern ohne das Wissen unseres Verstandes weiter in uns mitlebt, ist es möglich, dass Ereignisse der Vergangenheit das Leben im Hier und Jetzt beeinflussen. Ein Mensch, der irgendwann fast ertrunken wäre, fürchtet sich eventuell so sehr vor dem Wasser, dass er sich nicht mehr traut zu schwimmen. Auch der schönste Strand und das klarste Wasser werden ihn nicht überzeugen. Jedes Mal, wenn er schwimmen gehen will, erfassen ihn von neuem die Gefühle der einmal durchlebten Panik, und er meidet mit allen Mitteln das Nass. Es ist auch möglich, dass der Betreffende sich nicht einmal an das Erlebnis erinnert, weil er das Ereignis so gut verdrängt hat. Er zeigt einfach eine unerklärliche Wasserphobie.

Ängste aus der Kindheit verfolgen viele Erwachsene, ohne dass sie die Ursachen kennen. Der autoritäre Vater, der nie Widerspruch duldete, die Mutter, die mit Missachtung strafte, sind typische Beispiele für eine frühe Einflussnahme, die außerordentlich prägend wirken kann. In Alltagssituationen, etwa im Gegenüber mit dem Vorgesetzten, wird die Angst vor dem autoritären Vater wieder mobilisiert. Dann fühlt sich der Betreffende auf merkwürdige Weise gehemmt, kann nicht widersprechen, schluckt seinen Ärger hinunter und richtet die Wut letztlich gegen sich selbst. Oder der Partner, der in Konfliktsituationen schweigt, wird zur mit Missachtung strafenden Mutter, wenn diese die mütterliche Liebe vermissen ließ. Eine verdrängte (vergessene) Kränkung durch die Mutter lebt an anderer Stelle wieder auf. Der Konflikt wird wiederholt, diesmal mit anderen Schauspielern und auf einer anderen Bühne, der Inhalt ist der gleiche.

Die Geheimnisse, die jeder Mensch in sich trägt, sind oft nicht leicht zu entschlüsseln. Wie sehr sich auch hier die Lebenswirklichkeit im Märchen spiegelt, ist verblüffend.

Der Teufel als innere Instanz

»Ich rieche Menschenfleisch«, sagt der Teufel, »es ist hier nicht richtig.« Er hat offensichtlich den menschlichen Maßstäben genau entgegengesetzte Überzeugungen von dem, was richtig ist. Er ist der Gegenpol zu dem, was ein Mensch lebt. Da wir alle handelnden Personen des Märchens als innere Bestandteile eines Individuums verstehen, wird auch der Teufel gänzlich in der eigenen Person zu suchen sein.

Der Teufel symbolisiert das Verdrängte. Er verkörpert das Abgelehnte, Verachtete, die Schattenseiten, die eigentlich zum Menschen gehören; vor allem das »Nichtmenschliche« im Menschen: die Natur, die wir auch sind, gewisse Triebe, körperliche Bedürfnisse usw. Diese triebhafte Seite des Menschen hat das Christentum zu sehr verteufelt und für schlecht erklärt, auch wenn nur ein kleiner Teil davon sich von Natur aus auf uns und das Leben in einer Gemeinschaft zerstörerisch auswirkt. Einen gewissen Anteil an zerstörerischen Energien trägt jeder in sich. Was die meisten Menschen davor schützt, in einer riesigen Wut zum Mörder zu werden oder zur Bereicherung ein skrupelloses Verbrechen zu begehen, sind regulierende »soziale« Kräfte, die für Ausgleich sorgen.

Ein Großteil dessen, was wir verdrängen, macht sich aber erst wegen der Verdrängung primitiv-destruktiv bemerkbar. Es ist die einzige Möglichkeit des Verdrängten, sich bemerkbar zu machen als ein Anteil von uns, der auch mitleben will. Solange dies vom Menschen nicht berücksichtigt wird, führt es ein Eigenleben im Unbewussten und wendet sich gegen ihn und seine einseitige Art zu leben. Es sabotiert ihn mit psychischen Problemen.

Die wichtigsten Lebensgeheimnisse sind dem Teufel bekannt, sagt das Märchen, und wir verstehen nun, warum ausgerechnet er die Antworten auf die Nöte der Menschen weiß, die im Unbewussten (unterirdisch) Lebensfreude und Lebenssinn abtöten. Nur er kann daher eine Antwort auf die Frage geben, was das Lebensglück und den Lebenssinn blockiert.

Betrachtet man die Gestalt des Teufels, dann ist alles an ihm abscheulich und widerwärtig, außer den drei goldenen Haaren. Diese stehen für das Wertvolle, das in dem Verdrängten enthalten ist. Folgen wir den Aussagen des Märchens, dann wäre es falsch, das Verdrängte, das nicht Perfekte, unsere dunkle Seite zerstören oder meiden zu wollen. Es vertritt die Meinung, dass man sich ihm nähern muss, um Wesentliches über den Sinn des Lebens und das Lebensglück zu erfahren. Diese Annäherung aber ist mit großer Gefahr verbunden, denn wenn man sich ihm mit naiver Gutgläubigkeit nähert, wird man *gefressen.* Das heißt im Bild des Märchens, dass das Verhalten ins Gegenteil kippen würde, die Schattenseite würde gelebt, das Menschliche würde verdrängt. Wir können, sagt das Märchen, nicht den Teufel mitleben lassen, aber er besitzt etwas, das für uns von großem Wert ist.

Wirkliche Selbsterkenntnis ist schwer und ängstigt viele. Man muss auf die Hölle zugehen, das heißt auf die ungeliebten Selbstanteile, auf den eigenen Schatten. Ohne die Konfrontation mit den scheinbar negativen Seiten der Persönlichkeit ist keine Lösung möglich. Menschen haben Angst vor der Wahrheit über sich selbst. Das ideale Bild, das sie von sich selbst entworfen haben, könnte zerstört werden. Fast jeder sieht sich selbst am liebsten in einem idealen Licht. Die Angst vor der eigenen dunklen Seite ist in der Regel auch deshalb so groß, weil vielfach der Glaube entsteht, dass von der guten Seite nichts übrig bleiben könnte, wenn man sich der dunklen zuwendet. Das Märchen weist unmissverständlich auf die Bedeutung und den Wert dieser ungeliebten Bereiche hin. Es gibt der Tiefenpsychologie Recht, die sich mit dem Unbewussten beschäftigt und erkannte, dass viele Konflikte verdrängt und einer bewussten Wahrnehmung nicht ohne weiteres zugänglich sind.

Allen Religionen ist ein Bild von den destruktiven Kräften im Menschen eigen; im Christentum wurde die Figur des Teufels zum Inbegriff des Bösen. Das Böse gehört aber in die Welt wie das Gute. Das Leben besteht aus Gegensätzen und dem Wechsel von Zuständen und Ereignissen. Erst dadurch entsteht die Spannung, welche die Entwicklung vorantreibt. Der Mensch erzeugt unvermeidbar einen Schatten, die innere Hölle gehört zum Menschen. Die Frage ist, wie mit der dunklen Seite umgegangen wird.

Wie eng das Böse mit dem Guten verknüpft ist, ersieht man zum Beispiel aus dem Mythos vom Engelsturz, der erklärt, wie der ursprünglich gute Engel Luzifer (Lichtbringer) zu Satan (Gegner) wurde. Davon, dass das Böse zu dieser Welt gehört und darin seine Bedeutung hat, berichtet auch eine großartige Geschichte des libanesischen Dichters Khalil Gibran, die hier zusammengefasst wiedergegeben werden soll:[3]

Vater Sämann war ein bedeutender Priester und Prediger für das Gute. Vielen Menschen redete er ins Gewissen, und sein Leben hatte er ruhelos damit zugebracht, für Werke der Gerechtigkeit, Mitmenschlichkeit und Barmherzigkeit einzutreten und den Gläubigen die göttlichen Gesetze zu vermitteln. Eines Abends wanderte er auf einer Straße zu einem entlegenen Ort, um auch dort zu den Menschen zu sprechen. Nahe aus einem Gebüsch hörte er lautes Stöhnen. Vater Sämann folgte dem Geräusch und fand einen sterbenden Mann, der schwer verletzt war. Bald erkannte der heilige Mann, dass er den Teufel gefunden hatte. Unzweifelhaft handelte es sich um ihn, den Herrscher über die Unterwelt und Ursache allen Bösen. Ein Erzengel Gottes hatte ihn im Kampf tödlich getroffen, und jetzt lag er da, ohne Hilfe müsste er sein Leben aushauchen. Es begann ein Dialog zwischen Vater Sämann und dem sterbenden Teufel.

Trotz seiner Schmerzen spottete der Teufel über den Gottesmann und machte ihm klar, dass er nicht anders könne, als ihm zu helfen zu überleben: nicht aus Nächstenliebe, die man nicht einmal dem Teufel verwehren könne, sondern aus ganz anderen Gründen. Der Teufel erklärte, dass er, Vater Sämann, auf der Stelle seine gesamte Bedeutung verliere, wenn es ihn, den Teufel, nicht mehr gäbe. Seine Kirchen und Kathedralen, seine gesamte Organisation sei doch nur dazu gebaut und gedacht, um ihn, das Böse, zu bekämpfen. Die Menschen würden sich von der Religion abwenden, weil sie nicht mehr gebraucht werde. Er stellte die Frage, wohin mit all den guten Taten, mit Sitte und Moral, wenn es nicht mehr notwendig sei, ein Bollwerk gegen all das Böse zu errichten. Wenn es den Teufel nicht mehr gäbe, brauche sich niemand mehr anzustrengen, ihm zu widerstehen. – Vater Sämann befand sich in einem fürchterlichen Konflikt und wollte sich schon von dem Sterbenden abwenden. Schließlich sieht man, wie er den Teufel auf die Schultern nimmt und ihn ins Dorf schleppt, um sein Leben zu retten.

Die *Kröte* oder was die Stimmung blockiert

Der Teufel hat sein Geheimnis verraten. Eine *Kröte* sitzt im Brunnen unter einem Stein und verhindert, dass Wein fließt. Wofür steht die *Kröte?* Den Regeln der Interpretation folgend, müssen wir auch sie in uns selbst suchen. Was also ist das *Krötenhafte* im Menschen?

Jeder kennt den Ausspruch, hat ihn sich vielleicht selbst schon gesagt: *Diese Kröte* muss ich wohl schlucken! Damit ist etwas sehr Unangenehmes gemeint, das unabänderlich zu akzeptieren ist. Der Volksmund wählt damit ein treffendes Bild für eine Situation, die die Stimmung gründlich verderben kann. Meist vergeht mit der Zeit der Kummer, eventuell kann jedoch die gesamte Existenz erschüttert werden, und das Leid bleibt als depressives Grundgefühl. Kränkungen, Niederlagen, Verluste können Gefühle von Bitterkeit, Groll und Resignation verursachen. Diese *Kröten* sind relativ leicht zu entdecken, wenn man solch schwierige Gefühle wahrnimmt und herauszufinden versucht, was die Ursache war, und zu verändern sucht, was veränderbar ist.

Ein Mann wird von seiner Frau verlassen, er fühlt sich gekränkt, weiß nicht, wie er mit seinem Leben allein fertig werden soll. Kann er das Scheitern der Beziehung, den Verlust akzeptieren und seinen eigenen Weg gehen? – Ein Geschäftsmann verliert durch eine Transaktion Teile seines Unternehmens. Kann er mit dieser *Kröte* fertig werden? Wie nachhaltig wird durch den Verlust seine Stimmung beeinflusst? – Für viele Menschen ist Altern eine *Kröte,* die sie nicht schlucken wollen und die sie verbittert. Die Liste der Beispiele ließe sich unendlich fortsetzen.

Die angeführten *Kröten* entstammen aktuellen Situationen. Wie jemand hiermit umgeht, entspricht der eigenen Konfliktfähigkeit. Viele Menschen leiden jedoch an *Kröten,* die sich bereits früh im Leben auswirkten. Sie sind verborgener als leidvolle Ereignisse. Hier steht die *Kröte* für *mangelnde Selbstliebe,* unter der viele leiden und die sich zu *Selbsthass* steigern kann. Wenn man nicht in den Brunnen hinabsteigt, um – im Bild des Märchens ausgedrückt – die

Kröte zu finden, bleibt die Ursache unerkannt. Es wird sich zeigen, dass es schwierig ist, diese tief im Brunnen unter einem Stein sitzende *Kröte* zu töten.

Unsere gesellschaftlichen Werte fördern die Entwicklung echter Selbstliebe nicht. Vor allem wird Selbstliebe mit Bestätigung von außen verbunden. Ist man aber, um sich liebenswert zu fühlen, ganz auf Anerkennung anderer angewiesen, kann sich die eigene Persönlichkeit wegen der notwendigen Überanpassung nicht entwickeln. Schon früher wurde darauf eingegangen, wie fragwürdig es ist, wenn versucht wird, das Problem durch *Streben nach Bedeutung* zu lösen. Durch Besitz, Ansehen, Macht, Geld, Einfluss usw. glaubt man, der Selbstliebe näher zu kommen. Dabei wird ein fundamentaler Fehler begangen, denn das Problem der Selbstliebe ist ein gänzlich inneres Problem und lässt sich folgerichtig auf Dauer nicht durch äußere Umstände lösen.

Zunächst jedoch einige Erläuterungen zur Entstehung von Selbstliebe: Wir haben gesehen, dass die Quelle der Selbstliebe erwachsener Menschen in ihrem eigenen Inneren liegt, daher muss auch da die *Kröte* gesucht werden. Bei einem kleinen Kind ist es anders, es muss sich geliebt fühlen, um Selbstliebe zu entwickeln. Oder anders gesagt: »Der Glanz in den Augen der Mutter«, wenn sie ihr Kind anschaut, bringt die Quelle zum Fließen. Daher haben die Eltern hier eine so wichtige Aufgabe. Ihre Liebe nimmt förmlich Platz in der Persönlichkeit des Kindes, und es erlebt sich selbst als gut und richtig. Es spürt keine Zweifel an der eigenen Liebenswürdigkeit, weil es sich in den Augen der Eltern spiegeln kann. Selbstliebe ist in jedem Menschen angelegt, die Glückshaut des Glückskindes ist ein Symbol dafür. Es braucht aber die vorbehaltlose Liebe der Eltern oder anderer Menschen, die deren Aufgaben übernehmen, damit Selbstliebe sich entwickeln kann. *Narzisstische Besetzung des Selbst* ist der Fachausdruck für diesen höchst wichtigen Vorgang, der nichts zu tun hat mit dem *narzisstischen Menschen*, wie er in unserer Gesellschaft verbreitet ist und der sich eben gerade nicht selber lieben kann. Die Fähigkeit zur Selbstliebe bestimmt zu einem guten Teil das zukünftige Selbstgefühl des Kindes, das Gefühl, das ein Mensch für sich selbst entwickelt. Gelingt es, die Liebe der Eltern in der frühen Kindheit zu *integrieren*, stellen sich Selbstliebe und Urvertrauen ein.

Ein wesentliches Element für eine gesunde Entwicklung des Kindes ist der Körperkontakt mit der Mutter. Säuglinge wollen die Mutter fühlen, riechen und schmecken. Dem Kind bereitet es Lust, mit Mutter und Vater Hautkontakt zu haben. Liebe wird dem Säugling nicht nur durch »den Glanz im Auge der Mutter«, sondern auch über den Körper vermittelt. Liebe wird im Körper gespürt; zur sicheren Integration der Liebe gehören Liebkosungen und Streicheln. Bei Erwachsenen gelten diese Regeln immer noch. Liebe in der Partnerschaft drückt sich besonders dadurch aus, dass sich die Partner berühren wollen. Das Feuer der Liebe ist erloschen, wenn es kein Bedürfnis mehr gibt, dies zu tun.

Die Liebe der nächsten Betreuungsperson in der frühen Kindheit ist also die Basis für die Selbstliebe, die ein emotional gesunder Mensch für sich empfindet. Mutterliebe, Vaterliebe sind durch nichts ersetzbar, und diese Erfahrung in der ersten Lebensphase ist von immenser Bedeutung, weil die Seele kleiner Kinder weit offen ist. Sie ist prägsam, und alles, was geschieht, wird tief verankert und wirkt lebenslang.

Es ist aber nicht selbstverständlich, dass Eltern ihrem Kind vorbehaltlose Liebe schenken können. Voraussetzung ist, dass sie ihre eigene Selbstliebe entwickeln konnten. Die allermeisten Menschen in unserer westlichen Kultur tragen *narzisstische Wunden* in sich, die die Entwicklung einer gesunden Selbstliebe behindern. Für diese Wunden und den dadurch entstandenen Selbsthass steht im Märchen die *Kröte.* Mutter Teresa brachte das Problem auf den Punkt, wenn sie formulierte: *Nötiger als Brot braucht der Mensch die Gewissheit, erwünscht zu sein.* Wenn er diese Gewissheit nicht über den liebevollen Kontakt zu den Eltern (oder deren Stellvertreter) gewinnen konnte, startet er mit einem Handikap auf seinen Lebensweg.

Vorbehaltlose Liebe zu geben, die dem Kind sagt: »Du bist in Ordnung und liebenswert, so wie du bist«, ist ein hoher Anspruch, auch wenn die meisten Eltern ihren Kindern die größtmögliche Liebe schenken. *Vorbehaltlose Liebe* darf nicht mit *Verwöhnung* verwechselt werden. Die vorbehaltlose Liebe sagt Ja zum Kind, wie es ist. Sie sagt aber nicht Ja zu allem, was das Kind *tut* und *will*. Der Psychologe D. W. Winnicott hat in diesem Zusammenhang den Begriff der »genügend guten Mutter« geprägt und die Mütter damit vom Irrtum entlastet, perfekt sein zu müssen, um ein Kind zu einem glücksfähigen Menschen zu erziehen.

Vielfach ist Liebe an Bedingungen geknüpft. Eltern verlangen oft schon von Säuglingen Leistungen, die diese nicht erfüllen können. Und meist beginnt bereits im Kleinkindalter der Konkurrenzkampf. In unserer Leistungsgesellschaft wird immer wieder verglichen, die Wertigkeit wird abgewogen und beurteilt. Kinder haben hervorragende Antennen dafür, ob sie den Erwartungen der Eltern entsprechen. Wenn »den Erwartungen nicht entsprechen« Ablehnung nach sich zieht, muss das Kind befürchten, der Liebe der Eltern nicht würdig zu sein und sie zu verlieren. Dann wird es sich selbst auch nicht mehr lieben. Es wird sich gequält fühlen und die Wut über diesen Mangel an Wertschätzung gegen sich selbst richten oder ihn in Zerstörungswut äußern.

Ein Beispiel: Zwei Mütter gehen mit ihren Kindern im Kinderwagen spazieren und unterhalten sich über die Fortschritte und neuesten »Wundertaten« ihrer Kinder. Wenn eine der Mütter den Eindruck gewinnt, das andere Kind sei weiter entwickelt als ihr eigenes und sie für ihre persönliche Selbstliebe von äußerer Anerkennung abhängig ist, werden ihre Enttäuschung, ihre Besorgnis, ob sie will oder nicht, in die Beziehung zu ihrem Kind einfließen. Ob sie will oder nicht wird das Kind ihre Gefühle wahrnehmen und sich schlecht fühlen.

Wer der Ansicht ist, dass man solche Gefühle vor dem Kind verbergen kann, der irrt. Wir unterschätzen die unbewussten Reaktionen. Abwertungen, auch wenn sie sehr subtil, fast nicht wahrnehmbar sind, haben eine mächtige Wirkung auf ein kleines, noch ganz an der Mutter orientiertes Kind. Als würden sie mit der Muttermilch aufgesogen, werden sie Bestandteil seiner Persönlichkeit. Es zeigt sich auch, dass das Problem stets mehrere Generationen trifft. Die Mutter, die wenig Selbstliebe empfindet, möchte Anerkennung auch durch ihr Kind. Wenn es nicht den Erwartungen entspricht, ist sie in ihrem Selbstwertgefühl getroffen und gibt dies an ihr Kind weiter. Hier begegnen wir dem Problem der Erbsünde, um es biblisch auszudrücken. Neid und Gier sind mächtige Folgen dieses Dramas. Die Angst, nicht zu genügen, ist eine wesentliche Ursache für alles Böse, das Menschen sich gegenseitig antun.

Der Stolz der anderen Mutter, dass ihr Kind »besser« ist, wird, sofern ihr eine gesunde Selbstliebe fehlt, ebenso in die Beziehung zu ihm einfließen und entsprechende Wirkung erzeugen. Auch sie ist Opfer eines Konkurrenzkampfes, geht es jetzt doch darum, oben zu bleiben und in der ständigen Angst zu leben, es könnte ein gleichaltriges Baby noch besser sein. Es ist schwierig, sich diesem Rivalitätsdenken zu entziehen, weil es Teil unserer Leistungsgesellschaft ist. Selbstliebe wird unter diesen Umständen meist nicht in genügender Weise entfaltet. Viel zu sehr machen sich Menschen von der Beurteilung anderer abhängig. Kein Wunder, dass so viele unter dem Grundgefühl leiden, nicht zu genügen.

Viele Krankheiten sind Folge mangelnder Selbstliebe. Das Immunsystem wird durch dauerhafte emotionale Belastungen, und dazu gehören ständige Selbstabwertung und tiefe Unzufriedenheit, geschädigt.

Jean-Paul Sartre verdanken wir die feinsinnige Beobachtung von der Macht des Blicks. Jeder, der einen Menschen wahrnimmt, prüft innerhalb von Bruchteilen einer Sekunde, ob er sich selbst über- oder unterlegen fühlt. Immer geht es darum, sich überlegen zu fühlen. Um keine Angst haben zu müssen, wird der Blick hart, wie gewalttätig, missachtend, abschätzig und zwingt das Gegenüber in die untere Position. Gelingt dies nicht, schleicht sich das beklemmende Gefühl der Unterlegenheit, der Unsicherheit und Angst ein.

Jeder ist Teil des Systems, Kinder eingeschlossen. Auch sie kommen nicht darum herum, Abwertungen einstecken zu müssen, wenn sie in unserer Gesellschaft Bestand haben wollen. Die Fähigkeit, mit Kränkungen umzugehen, baut vor allem darauf auf, wie gut das Gefühl, erwünscht zu sein, verankert wurde.

Frühe Kränkungen und Zurückweisungen werden gespeichert und wirken nachhaltig auf das Selbstwertgefühl und demzufolge auf die Selbstliebe. Sie beeinträchtigen die Entwicklung und verursachen Blockaden. Dies symbolisiert das Märchen im Bild der *Kröte* unter dem Stein im Brunnen. Der innere Brunnen des Wohlbefindens wird durch die *Kröte* des Selbsthasses zum Versiegen gebracht.

Jeder trägt eine mehr oder weniger dicke *Kröte* in seinem Innern. Wie es möglich ist, diese zu finden und sie zu töten, werden wir untersuchen, wenn das Glückskind auf seiner Rückreise ist. Zunächst wollen wir uns mit der nächsten Antwort beschäftigen, die die Ellermutter dem Teufel mit List entlockt hat.

Die *Maus* oder was die Antriebe blockiert

Die *Kröte*, die unter dem Stein des Brunnens sitzt, steht, wie wir gesehen haben, im Zusammenhang mit Blockaden der Stimmung, des Lebensgefühls. Die *Maus*, die an den Wurzeln des Baumes mit den goldenen Äpfeln nagt, bewirkt, als Symbol verstanden, Blockaden der Antriebe.

Jeder Mensch, dessen Energien – die produktiven wie die kreativen – ungehindert fließen, ist in der Lage, goldene Äpfel zu »tragen«. Es ist daher von höchster Bedeutung zu verstehen, was die *Maus* symbolisiert. Eine *Maus* hat viele Feinde und muss sich stark vermehren, um als Art zu überleben. Wehren und um ihr Leben kämpfen, dazu ist sie in der Regel zu schwach, daher ist ihre einzige Chance die Flucht. Sie ist ein ängstliches Tier und symbolisiert auch die Angst.

Wird eine Person als Mäuschen bezeichnet, dann wird in ihr jemand gesehen, der vielleicht niedlich, aber naiv, verschüchtert, unscheinbar und meist ängstlich ist. Generell zeigt er oder sie wenig Durchsetzungsvermögen und löst bei anderen den Impuls aus, zu helfen oder sich lustig zu machen. Jemand sagt: »Am liebsten hätte ich mich in ein Mauseloch verkrochen« und meint damit, dass er sich sehr gefürchtet hat vor Angriffen oder Bloßstellung durch andere.

Als Schädling kann die *Maus* viel Unheil anrichten, und auch im Märchen wird behauptet, dass die *Maus* einen ganzen Baum zum Absterben gebracht hat. Der Mensch in Angst verliert seinen Halt, sein Stehvermögen, seine Sicherheit und seine Wurzeln. Das erzeugt den Teufelskreis neuer Angst. Dadurch kann Angst das Leben maßgeblich beherrschen. Der britische Schriftsteller Horace Walpole sieht den Menschen weitgehend als Spielball seiner Ängste. Bei dem einen sei es die Furcht vor Dunkelheit, bei dem anderen Angst vor körperlichen Schmerzen, ein dritter fürchte, sich lächerlich zu machen, ein vierter zu verarmen, ein fünfter ängstige sich vor der Einsamkeit – auf jeden lauere sein ganz spezielles Schreckgespenst im Hinterhalt.

Angst kann so stark sein, dass sie den Menschen vollständig lähmt. Viele erleben sich als Gefangene ihrer Angst und haben nur noch ein Ziel: die Angst nach Möglichkeit zu verhindern. Sie gehen immer mehr Aufgaben, menschlichen Begegnungen oder Unternehmungen aus dem Weg. Eigentliche Ziele wie Selbstverwirklichung, berufliche Weiterentwicklung, engere menschliche Bindungen treten in den Hintergrund, weil die Bewältigung der Ängste immer mehr Energie bindet. Der richtige Umgang mit den Ängsten entscheidet daher maßgeblich über viele Lebensbereiche.

Angst ist ein Grundgefühl und ist zum Überleben notwendig. Wer auf dem Bahngleis steht, den nahenden Zug sieht und nicht sofort seiner Angst folgt und fortspringt, kann nicht überleben. Wenn die Ängste das Leben jedoch hemmen, statt es zu schützen, muss es einen verborgenen Grund geben. Wie die *Maus* unter der

Erde gesucht werden muss, gilt es dann, die eigenen Ängste zu erkennen und zu bewältigen.

Angst ist ein beliebtes Erziehungsmittel:

Die zweijährige Lisa ist sehr lebhaft. Immer wieder steht sie in ihrem Bettchen auf und bleibt nicht ruhig unter der warmen Decke liegen, wie die Mutter sich dies wünscht; denn sie fürchtet, dass Lisa sich erkältet. Alle Ermahnungen der Mutter bleiben ohne Wirkung, bis sie Lisa damit erschreckt, dass eine Maus im Zimmer sei, die ihr in den Zeh beißen wolle. Lisa bleibt fortan unter der Decke liegen. Die Mutter ist beruhigt.

Es kann sein, dass Lisa bald ihre Angst vor der *Maus* verliert, und das, was die Mutter mit ihr macht, keine Nachteile mit sich bringt. Doch kleine Kinder erleben ihre Eltern wie Riesen oder Götter, von denen sie abhängig sind. In den Augen der Kinder sind sie übermächtige Autoritäten, die strafen und ihre Liebe verweigern können. Das verursacht eventuell starke Ängste, die Hemmungen und emotionale Blockaden bewirken.

Ich habe bereits dargestellt, wie verletzbar die Psyche in den ersten Lebensjahren ist. Das Tun der Eltern hat prägenden Charakter und wirkt im Erwachsenenalter weiter, ohne dass Betroffene sich dessen bewusst sind. Die Angst vor der Autorität der Eltern wird zur generellen Angst vor Autorität. Dies kann der Vorgesetzte sein, die Partnerin, der Freund, der Arbeitskollege usw. Es ist unerheblich, ob jemand wirklich bedrohlich ist oder Macht ausüben will. Die Angst, nicht zu genügen, die Angst vor Zurückweisung und Ablehnung wirkt im Verborgenen, wie die *Maus*.

Angst wird oft damit kaschiert, dass der Betroffene versucht, perfekt zu sein. Er glaubt, seine Angst beherrschen zu können, indem er keine Fehler macht, denn fehlerlos ist er unangreifbar. Keine Fehler machen dürfen ist einerseits anstrengend, andererseits unmöglich, und so wird aus jedem Fehler eine Niederlage, die Selbstabwertung zur Folge hat – mit dem Bedürfnis, sich künftig noch mehr anzustrengen. Perfektionismus wird so für viele zu einem das Leben bestimmenden Zwang. In diesem Verhalten erkennen wir das Problem des Fährmanns, der immer hin- und herrudern muss.

Wer übertriebene Angst vor Spinnen hat, weiß wahrscheinlich, dass dies eine Spinnenphobie ist. Wissen die Menschen, die übertriebene Angst vor Kränkung haben, dass übertriebene Angst, nicht zu genügen, auch eine Art Phobie ist, eine *Menschenangst?*

Frau B. hat jeden Morgen einen Kloß im Hals, wenn sie zur Arbeit fährt. Sie fühlt sich elend und möchte am liebsten mit ihrer Arbeit ganz aufhören. Wenn sie dann die alltäglichen Tätigkeiten erledigt, geht es ihr allmählich besser. Auf dem Nachhauseweg fühlt sie sich erschöpft, aber zufriedener. Doch mit Grauen denkt sie an den nächsten Arbeitstag.

Frau B. hat jeden Morgen von neuem Angst vor möglichen Kränkungen und Überforderungen, die in der Regel jedoch nicht eintreten. Allein die Erwartung, dass es zu unangenehmen Situationen kommen könnte, lässt sie erzittern. Treten die Katastrophenerwartungen nicht ein, wird sie allmählich ruhiger, und die Angst weicht einem Gefühl der Sicherheit – bis zum nächsten Morgen. Das Leben von Frau B. wird zunehmend von ihren unrealistischen Ängsten bestimmt. Ihre Anstrengungen, das Leben zu meistern, sind enorm, dennoch bestimmt ein Gefühl der ständigen Überforderung ihr Dasein und zehrt an ihrer Lebensenergie.

Ähnlich wie Frau B. kämpfen viele Menschen täglich mit ihren Ängsten. Sie haben Angst vor Krankheiten oder Infektionen, vor dem Verlust der Arbeitsstelle; Angst vor Nähe, die sie Beziehungen vermeiden lässt und sie in die Isolation treibt; Angst vor dem Tod, vor dem Alleinsein usw. Ihr ständiges Sorgen um Eventualitäten nimmt ihnen die Freude am Dasein, und sie verpassen das Leben. Was Frau B. tun kann, um ihre *Maus* zu töten, werde ich besprechen, wenn es um den Rückweg des Glücksjungen geht.

Ängste können das Dasein so sehr bestimmen, dass der Lebensbaum, wie im Märchen, im Absterben begriffen scheint. Diese Form der Angst, die einen Menschen so sehr dominiert, dass er nicht mehr ein noch aus weiß, beeinflusst vor allem das Lebensgefühl, und zwangsläufig wird die Lebensplanung hiervon bestimmt. Angst kann aber auch so sehr im Verborgenen wirken, dass sie gar nicht wahrgenommen wird. Viele scheinbar wenig ängstliche Menschen, die im Alltag gut zurechtkommen, leiden unter der Unfähigkeit, ihren Lebensbaum zum Blühen zu bringen und goldene Früchte zu tragen. Ihr Leben ist leer, sinnlos und wenig freudvoll. Sie funktionieren, aber sie leben nicht wirklich. Welche *Maus* nagt hier an den Wurzeln? Welche Angst ist hier unentdeckt?

In einer Tierfabel bildet sich das ursprüngliche Problem solcher verdrängter Ängste, die sehr einschränkend sein können, ab:

Der goldene Adler Ein Wanderer fand eines Tages ein Adlerei. Es war noch warm, deshalb legte er es zu einer Henne ins Nest. Der kleine Adler schlüpfte mit den Küken aus und wuchs zusammen mit ihnen auf.

Sein ganzes Leben benahm sich der Adler wie alle anderen Küken auch, weil er keinen Anlass hatte, sich für etwas anderes als ein dummes Huhn zu halten. Er scharrte und kratzte, pickte nach Körnern und Regenwürmern. Er gluckte und gackerte. Und manchmal schlug er mit den Flügeln und flatterte ein paar Meter weit, wie es bei der Hühnerschar Sitte ist.

Die Jahre zogen ins Land, und der Adler wurde sehr alt. Eines Tages hob er den Kopf zum Himmel und sah einen herrlichen Vogel hoch oben am wolkenlosen Himmel. Anmutig und majestätisch schwebte er in der Windströmung, scheinbar schwerelos und ohne Anstrengungen, fast ohne seine kraftvollen, goldenen Flügel zu bewegen.

Der Adler empfand einen seltsam nostalgischen Schmerz, während er ehrfürchtig emporblickte.

»Wer ist das?«, fragte er seinen Nachbarn.

»Das ist der Adler, der König der Vögel«, sagte der Nachbar. »Aber verschwende keinen Gedanken an ihn. Du und ich, wir haben nichts mit ihm zu schaffen.«

Also vergaß der alte Adler diesen wunderbaren Vogel wieder. Ablenkung für uns Hühner gibt es ja genug.[4]

Mancher ist, ohne dass er es weiß, ein solcher Adler, weil er sich seiner Umgebung angepasst und nie nach seiner Eigenart gefragt hat. Wie gelingt es, die eigene Königswürde zu erschließen, oder, wie im Märchen, ein Baum zu sein, der goldene Äpfel trägt? Ängste, die die Entwicklung der eigenen Fähigkeiten verhindern, sind meist unbewusst entstanden. Wenn wir sie untersuchen, werden wir feststellen, dass ein bestimmter Glaube, bestimmte Überzeugungen dahinterstecken, ähnlich dem Adler auf dem Hühnerhof, der von seinem Nachbarn mit größter Selbstverständlichkeit erklärt bekommt, dass der Adler oben in den Lüften eine ganz andere Kategorie sei.

Der Mensch, der aus Angst vor Versagen die Risiken eines erfüllten Lebens nicht auf sich zu nehmen wagt, ist das Gegenbild des Glückskindes.

Der Fährmann oder die Süchte des Lebens

»He, der Dummbart! Wenn einer kommt und will überfahren, so muss er ihm die Stange in die Hand geben, dann muss der andere überfahren, und er ist frei.« – Die Antwort des Teufels auf das Problem des Fährmanns scheint verblüffend einfach. Man möchte wirklich fragen, warum er nicht selbst darauf gekommen ist. Ähnlich wie ihm ergeht es vielen Millionen Menschen. Sie leiden unter dem Zwang, etwas tun zu müssen, ohne es zu wollen, und erkennen die Lösung nicht. An einen anderen abgeben, lautet der Ratschlag des Teufels. Diese weise Psychologie! Der Fährmann muss sein Ruder loslassen können, darum geht es.

Dass es schwer fällt, etwas loszulassen, das einem lieb und teuer war, ist verständlich. Da geht es vor allem darum, den Verlust zu verarbeiten, »Trauerarbeit« zu leisten. Der Fährmann kann aber gerade das nicht loslassen, was er so sehr loswerden möchte, weil es zu einem Gefängnis geworden ist.

Dem Alkoholiker fällt die Abstinenz nicht allein deshalb schwer, weil er körperlich abhängig ist vom Alkohol, sondern insbesondere auch, weil alle anderen trinken. Er wird aus der Norm fallen, er fühlt sich klein und minderwertig, weil er nicht kontrolliert mit Alkohol umgehen kann. Erst wenn er zu dem inneren Entschluss findet, dass die anderen trinken dürfen, kann er die Freiheit, nicht mehr trinken zu müssen, genießen. Das Rudern muss fortgesetzt werden, weil alle rudern. Das Gleiche gilt für viele Verhaltensweisen, die aufrechterhalten werden, weil es alle so machen. Die innere Dynamik des Loslassens hat immer mit der Entscheidung zu tun, dass die anderen weiterleben und weitermachen dürfen, wie man selbst es zuvor auch getan hat, dass man selber aber nicht mehr mitspielt. Hier liegt der Schlüssel für wahre Unabhängigkeit. Dieses Thema werde ich später im Zusammenhang mit der Haltung der Mystiker vertiefen.

Krankheit, Trennung, Verlust – im menschlichen Leben geht es immer wieder um Loslassen. Wer nicht loslässt, bleibt in der Vergangenheit stecken. *Ich kann meinen Sohn, der bei einem Verkehrsunfall ums Leben kam, nicht loslassen,* sagte eine Mutter. Nach einer Phase der Trauer und des Rückzugs ist es wichtig, sich erneut dem Leben zuzuwenden. Mit der durchlittenen Erfahrung ist man besser gerüstet, anderen zu helfen.

Diese Mutter lernte zu akzeptieren, dass ihr Sohn durch nichts zu retten war. Indem sie ihre Energie auf viele »Söhne« und »Töchter« richtete, fand sie neuen Sinn. Sie setzte sich für Kinder in Notsituationen ein.

Was bringt Menschen dazu, nicht loslassen zu können? Ein typisches Beispiel ist die Entwicklung einer Suchtkrankheit: Der spätere Suchtkranke verwendet sein Suchtmittel, zum Beispiel Alkohol, weil er ein Problem nicht zufriedenstellend lösen kann, weil er eine unangenehme Stimmungslage nicht ertragen will oder weil er sein Selbstwertgefühl steigern möchte (was natürlich nicht wirklich gelingt). Wenn die Wirkung des Suchtmittels abklingt, entsteht ein *Kater,* eine Verstimmung, die der spätere Suchtkranke nicht erträgt und die er mit der erneuten Zufuhr des Suchtmittels bekämpft. Das Motto lautet: *Immer mehr vom Selben und Falschen.* Wenn die Droge körperlich oder psychisch benötigt wird, weil Entzugserscheinungen wie Zittern, Schweißausbrüche, innere Unruhe und Angstzustände dies erzwingen, ist ein Teufelskreis entstanden. Dem Suchtkranken ist nur zu helfen, wenn er tatsächlich auf das Suchtmittel verzichtet. Schon kleinste Mengen der Droge, die er bewusst zu sich nimmt, führen wieder zum Verlust der Kontrolle und dazu, dem Körper die Drogen erneut in großen Mengen zuführen zu müssen. Das Problem des Suchtmittelabhängigen ist dem Zwang zum Weiterrudern des Fährmanns im Märchen sehr ähnlich. Erst wenn der Suchtkranke den Stab abgibt, nicht mehr trinkt beziehungsweise keine Drogen mehr zu sich nimmt, kann er weiterkommen.

Der Kontrollverlust, der bei Suchtkranken so offensichtlich und dramatisch zu erkennen ist, findet sich in abgewandelter Form bei vielen Menschen in den unterschiedlichsten Lebenssituationen. Fast jeder kennt Alltagssüchte, individuell unterschiedlich im Grad der Ausprägung. Der eine glaubt unentbehrlich zu sein, arbeitet viel zu viel und zeigt Merkmale der Arbeitssucht; eine andere fühlt sich gezwungen, die Wohnung immer wieder zu putzen, oder kann nicht aufhören, viel zu viel Schokolade und Süßigkeiten in sich hineinzustopfen; andere müssen rauchen, exzessiv Sport treiben, sind spielsüchtig, Perfektionisten usw.

Das Problem des Fährmanns spiegelt sich in vielen Lebensbereichen, die zunächst nichts mit süchtigem Verhalten zu tun zu haben scheinen:

Frau G. gerät scheinbar zufällig immer wieder an Partner, die sie missbrauchen oder ausnutzen. Trotz der sich immer wiederholenden Erfahrung sucht sie weiterhin Partner der gleichen Art und glaubt jedes Mal, den Menschen gefunden zu haben, der sie wirklich liebt.

Herr K. verliert immer wieder Arbeitsstellen, weil er mit Vorgesetzten oder Kollegen in regelrechte Glaubenskriege gerät. Er ist davon überzeugt, dass seine Ansichten richtig sind, und strebt danach, endlich Gerechtigkeit zu finden. Auch sein Wunsch, Freunde zu finden, konnte sich nicht erfüllen. Viele Beziehungen scheiterten bereits an seinem rechthaberischen Verhalten. Die Schuld für seine Schwierigkeiten sieht er bei den anderen.

Frau M. ist schon seit langem unzufrieden mit ihrer Tätigkeit in einem großen Industriebetrieb. Sie fühlt sich mit der monotonen Arbeit unterfordert. Während ihrer Freizeit engagiert sie sich mit großem Einsatz für einen Sportverein. Da sie als Trainerin äußerst talentiert und erfolgreich arbeitet, wurde ihr schon des Öfteren eine hauptamtliche Stelle im Verein angeboten. Obwohl Frau M. diese Aufgabe sehr reizte, konnte sie sich nicht dafür entscheiden, ihre alte Stelle zu kündigen.

Wie den Menschen in diesen Beispielen ergeht es vielen. Sie sind in einen typischen Teufelskreis geraten. Sie tun etwas, das für sie selbst erkennbar schädlich ist, können jedoch mit dem destruktiven Verhalten nicht aufhören. In der Therapie bezeichne ich diese Zustände als »bequemes Elend«. Man hat es sich in seinem Elend bequem gemacht. Der scheinbare Vorteil besteht darin, dass man das Wagnis der Veränderung nicht eingehen muss. Das Hinterfragen der eigenen Lebenssituation erscheint gefährlich, daher macht Veränderung Angst.

In der Psychotherapie ist die Rede vom Wiederholungszwang. Damit ist gemeint, dass gewisse Vorgänge, mit denen man sich selbst schädigt, unbewusst immer wieder herbeigeführt werden. Im Verhalten des Fährmanns spiegelt sich also ein zentrales menschliches Problem. Jeder sollte sich fragen: Wovon bin ich abhängig, welche Wiederholungszwänge erkenne ich an mir? Erst wenn das zu Grunde liegende Problem gelöst wird, ist Heilung möglich. *Maus* wie auch *Kröte* sind Symbole verborgener Konflikte und stehen für dieses Dilemma.

Konflikte und Entscheidungssituationen sind unbequem, viele Menschen scheuen davor zurück, sie sind aus Bequemlichkeit oder um des lieben Friedens willen *Konfliktvermeider.* Wenn es ihnen nicht gelingt, Konflikten auszuweichen, suchen sie Ablenkung von diesem unangenehmen Gefühl in der Arbeit, durch Einkaufen, Essen, Chatten im Internet usw., statt das anstehende Problem zu lösen. Sehr bald stellt sich der Teufelskreis der Abhängigkeit ein.

Es ist nicht möglich, ein konfliktfreies Leben zu führen, so sehr es auch alle Menschen wünschen. Die Seele versucht das blockierte Leben wieder in Gang zu bringen, indem sie unangenehme Symptome erzeugt wie zum Beispiel eine Suchtkrankheit, einen Waschzwang, eine Angststörung usw. Etwas in uns, das weiser ist als unser wacher Verstand, versucht damit deutlich zu machen, dass wir Hilfe brauchen. Unter diesem Blickwinkel sind Symptome wertvoll, weil sie zu Veränderung auffordern. Die Seele warnt und will nicht zulassen, dass man in die Irre geht.

Der Fährmann will zwar nicht mehr so leben wie bisher und sehnt sich danach, sein Ruder abzugeben. Er leidet unter dem Zwang, immer hin- und herfahren zu müssen, und möchte davon loskommen. Aber: Immerhin kann er sich festhalten an seinem Ruderstab (an seinem Symptom). Welchen Halt fände er, wenn er sein Schiff verließe und nichts mehr in Händen hielte, was seinem Leben zumindest einen scheinbaren Sinn gäbe? Er würde ins Leere springen. Vom Zwang wäre er befreit – aber was nun?

3. Teil
Der Weg zurück oder die Befreiung von Blockaden

Das Dilemma des Fährmanns

Der Junge mit der Glückshaut hat die Antworten des Teufels gehört und begibt sich auf den Weg zurück zu seiner Frau. Viele glauben, dass es reicht, die inneren Geheimnisse und Verletzungen zu kennen, um emotionale Erleichterung oder Befreiung von Konflikten zu gewinnen. Die Aussagen des Märchens weisen jedoch unmissverständlich auf die Notwendigkeit radikaler Lösungen hin. Der Fährmann muss seine Tätigkeit völlig einstellen. Er verliert quasi seine Arbeit. Es geht nicht darum, dass er nur noch zu bestimmten Zeiten seiner Beschäftigung nachgeht, worin, von außen betrachtet, eine Lösung zu sehen wäre: Er würde so den Lebensunterhalt verdienen, aber nicht mehr ausschließlich hin- und herrudern müssen. Das Problem, das der Fährmann widerspiegelt, hat eine andere Dynamik; die Lösung kann nur durch radikale Veränderung herbeigeführt werden.

So konnte es nicht weitergehen, sagte eine krebskranke Frau nach ihrer Genesung. Sie berichtete weiter, dass sie regelrecht erleichtert war, als man ihr sagte, sie habe Krebs. Um die Krankheit zu bezwingen, hat sie ihr Leben völlig verändert, sich aus Abhängigkeiten gelöst und ihrem sinnlos gewordenen Leben eine entscheidende neue Richtung gegeben. Dies war ihre Antwort auf den Krebs, den sie schließlich auch besiegte.

Halbherzige Lösungen führen nicht zum Ziel, so muss die Antwort hier verstanden werden. Besonders gilt dies bei Suchtkrankheiten. Ein kleines Glas mit einem alkoholischen Getränk führt den Suchtkranken auch nach vielen Jahren Abstinenz in den alten

Zustand des exzessiven Trinkenmüssens zurück. Auch in vielen anderen Lebensbereichen gilt dieses Prinzip. Wider besseres Wissen bleiben Menschen in Beziehungen, in denen sie unglücklich sind, opfern sich immer wieder für andere, lassen sich ausbeuten oder missbrauchen, lassen sich mit Schuldgefühlen manipulieren usw. Die radikale Wende, die das Märchen vorschlägt, könnte in vielen Lebenslagen die Weichen in eine bessere Zukunft stellen. Es erfordert jedoch Mut, die alten Scheinsicherheiten aufzugeben.

Menschen mit einem Fährmann-Problem haben keine leichte Aufgabe vor sich, wenn sie es lösen wollen. Der erste Schritt zur Veränderung besteht darin, sich der eigenen Situation bewusst zu werden. Zunächst ein Bewusstsein über das Problem herzustellen ist viel wichtiger, als alles sofort verändern zu wollen. Wer etwas ändern will, benötigt Kraft. Erst indem er sich in aller Ruhe seine Situation bewusst macht, wächst in ihm diese Kraft – wie von selbst –, die er so notwendig braucht, um etwas entscheidend zu verändern.

Wer sich also mit einem solchen Problem auseinander setzen will, sollte sich zunächst Zeit nehmen, um sich selbst gründlich zu beobachten, und sonst zunächst gar nichts tun. Das Wichtigste ist, »wach zu werden«. Wer einen Feind besiegen will, sollte ihn gut kennen, sollte wissen, über welche Fähigkeiten er selbst verfügt, mit welchen Schwierigkeiten er rechnen muss und was es zu investieren gilt.

Wer zum Beispiel mit süchtigem Rauchen aufhören möchte, sollte daher nichts übereilen. Zunächst geht es darum, viel bewusster zu rauchen. Der Raucher soll sich vorstellen, wie der giftige Rauch in seine Lungen strömt, seine Gefäße schädigt, er soll feststellen, wie stark er vom Nikotin abhängig ist und wie wenig er dem Zwang zu rauchen widerstehen kann; er soll seine Atemnot bewusst spüren usw. Die Realität soll weder verharmlost noch verschlimmert werden (was im Falle des Rauchens selten geschieht). Die Selbstbeobachtung wird so lange in dieser realistischen Weise fortgesetzt, bis der Entschluss, mit dem Rauchen aufzuhören, nicht mehr nur vom Kopf ausgeht, sondern auch aus dem Inneren kommt. Eine häufige Ursache für Misserfolg ist, dass nicht genügend lange gewartet wird, bis ein Entschluss wirklich reif ist. Erst wenn es so weit ist, geht es darum, mit aller Energie das Vorhaben in die Tat umzusetzen.

Der bedeutende amerikanische Psychologe Albert Ellis hat einmal treffend formuliert: *Wir halten alles aus, es sei denn, wir sterben daran.* Ein Raucher stirbt nicht daran, dass er nicht mehr raucht. Wer in einer unglücklichen Beziehung nur bleibt, weil er sich vor dem Alleinsein fürchtet, wird erkennen, dass er eine Trennung überlebt und viele kreative Fähigkeiten vorhanden sind, die unliebsame Einsamkeit aufzulösen.

Wer gelernt hat, seine Situation realistisch einzuschätzen, kann auch zu der Erkenntnis kommen, dass er es allein nicht schafft, sich aus dem Zwang der ständigen Wiederholung zu befreien. Hier fallen mir besonders Partner und nahe Angehörige Suchtkranker ein: Sie leiden unter dem Zwang, mit Helfen nicht aufhören zu können. Zunächst fällt es ihnen schwer, sich in der Rolle des Fährmanns wiederzuerkennen. Sie wollen nicht sehen, dass die Lösung des Problems darin bestünde, aus der Co-Abhängigkeit auszusteigen und den Süchtigen zu verlassen. Indem sie ihm immer von Neuem aus den Problemen heraushelfen, in die er sich durch seine Sucht hineinmanövriert, tragen sie maßgeblich dazu bei, dass der Süchtige fortfährt, sein Suchtmittel zu nehmen. Erst wenn sich dieser wirklich verlassen weiß, gerät er in die notwendige existenzielle Krise, die ihn zum Handeln zwingt, zum Beispiel, sich in eine therapeutische Behandlung zu begeben. Die Ängste des Co-Abhängigen sind extrem, und auch seine Persönlichkeit droht unter dem Terror, den der Süchtige erzeugen muss, zu zerbrechen. Trotzdem glaubt der Co-Abhängige immer wieder, den Süchtigen zu retten, indem er dessen Probleme ausbügelt. Wie sehr er selbst Hilfe braucht, um sich aus der Co-Abhängigkeit zu befreien, will er nicht wahrhaben. Wir erkennen deutlich, dass es in aller Regel nicht leicht ist, das Symptom »Alkoholabhängigkeit« abzustellen, weil mehrere Menschen involviert sind. Oft ist es notwendig, fachliche Unterstützung zu suchen.

Das, was in den Bildern des Märchens so einfach erscheint, ist in der Realität mitunter ein beschwerlicher Weg, der mühsam und von vielen Rückfällen begleitet ist. Sicher ist es richtig zu sagen, dass persönliche Entwicklung eine lebenslange Aufgabe bleibt. Immer wieder werden innere Blockaden zu bearbeiten sein. Glauben wir aber den Aussagen des Märchens, dann ist es nur so möglich, zu dauerhafterem Glück vorzudringen.

Die Suche nach der *Maus* und wie man sie tötet

Die *Maus* wurde als die Angst identifiziert, die die Entfaltung der Lebensenergie blockiert. Das Bild von der *Maus*, die an den Wurzeln des Lebensbaumes nagt, lädt ein, die eigenen Ängste zu reflektieren. Das Ausmaß von Angst, die das Leben behindert, ist von Mensch zu Mensch unterschiedlich. Manche fühlen sich sicher und wohl in ihrer Haut, auch wenn sie mit schwierigen Situationen konfrontiert sind, andere verspüren in vielen Alltagssituationen Unsicherheit und Angst.

Um Angstsituationen zu entgehen, werden Vermeidungsstrategien entwickelt, und oft finden die Betroffenen für sich und andere plausible Erklärungen für ihr Verhalten, sodass sie keine Angstgefühle wahrnehmen, solange die Strategie gelingt. In Ängste kann man sich auch hineinsteigern, etwa wenn mögliche künftige Situationen, zum Beispiel ein Examen, ein Vorstellungsgespräch oder ein Vortrag, in der Fantasie mit allen möglichen Eventualitäten ausgemalt werden. Es gibt aber auch Ängste, die tatsächlich erlebt werden, zum Beispiel Phobien, Panikattacken und Hypochondrie.

Phobien

Beispielhaft soll hier auf die recht verbreitete Angst vor Spinnen eingegangen werden, weil die Behandlung dieser Phobie leicht zu verstehen ist. Eine Spinnenphobie lässt sich meist nicht verbergen. Jede Spinne, die auftaucht, löst starke, unrealistische Ängste aus. Die Ursache der Phobien liegt, wie bei anderen Ängsten, meist in der Kindheit. Damals wurde eine Angst »verlagert« auf ein Objekt (z. B. die Spinne) oder eine andere Situation (z. B. das Flugzeug). Will man der Ursache auf den Grund gehen, müssen die ursprünglichen Ängste aufgedeckt werden, was oft ein lang dauerndes Unterfangen ist. Die Verhaltenstherapie hat gezeigt, dass Phobien wirkungsvoll behandelt werden können, indem man die Betroffenen »desensibilisiert«. Das heißt, die Phobie wird in einer Therapie »verlernt«.

Gemeinsam mit dem Therapeuten werden die Ängste in eine so genannte Angsthierarchie gebracht: Dabei geht es darum, festzustellen, wovor der Betroffene sich am meisten beziehungsweise am wenigsten fürchtet. Die Vorstellung, eine Spinne laufe über das eigene Gesicht, könnte beispielsweise die heftigste und das Betrachten der Fotografie einer Spinne die geringste Angst verursachen. Nun wird der oder die Betroffene mit zunehmend stärker ängstigenden Situationen im Zusammenhang mit Spinnen konfrontiert. Mithilfe von Entspannungsmethoden (wo Entspannung ist, kann keine Angst sein) werden die Ängste bewältigt, bis es schließlich möglich wird, eine Spinne ohne Angst über die Hand laufen zu lassen.

In den meisten Fällen ist es möglich, seine Phobie so zu überwinden. In leichten Fällen gelingt es vielleicht ohne Unterstützung, der Angstsituation bewusst zu begegnen, sie auszuhalten und sie damit auch zu überwinden. In schweren Fällen sollte man sich Hilfe holen und beispielsweise an einem Anti-Angst-Training teilnehmen. Voraussetzungen für solch eine Behandlung sind die genaue Kenntnis der Angst sowie die Bereitschaft, mithilfe einer Entspannungstechnik darauf zuzugehen.

Erwartungsängste

Eine Quelle der Angst ist die Fantasie. Fast jeder ist in der Lage, sich in Angst zu versetzen, indem er an katastrophale Ereignisse denkt und sich diese vor allem bildlich vorstellt. Verspürt jemand starke Flugangst, so hat er diese Angst über Katastrophenfantasien entwickelt, etwa darüber, dass er sich bildlich vorstellte, wie das Flugzeug abstürzen könnte. Wer keine Flugangst kennt, liebt das Fliegen beziehungsweise steht ihm gleichgültig gegenüber.

So können nicht besonders risikoreiche Situationen, wenn sie übertrieben bewertet werden, starke Ängste erzeugen. Dies bedeutet jedoch auch, dass jeder die Fähigkeit hat, seine Angst zu verringern oder gar nicht erst entstehen zu lassen, indem er seinen inneren Bildern und Gedanken eine andere Richtung gibt.

Der Zeitpunkt der Entlassung aus der Therapie rückt für Frau P. immer näher. Den Dingen, die sie »draußen«, erwarten, fühlt sie sich nicht gewachsen, und sie bittet um Verlängerung der stationären Behandlung. Auf die Frage, was sie konkret nicht bewältigen könne, vermag sie keine befriedigende Antwort zu geben. Sie fühle sich allgemein zu labil und glaube, sich in der Klinik weiter stabilisieren zu können, um dann auch den alltäglichen Anforderungen gewachsen zu sein. Im weiteren Gespräch wird deutlich, dass die bekannten Selbstzweifel »ich schaffe es nicht« sich in ihren Gedanken verstärkt haben und damit auch Angst und Panik. Vor ihrem geistigen Auge hatte Frau P. sich immer neue Situationen ausgemalt, die ihr schwer fallen würden oder eventuell nicht zu bewältigen wären. Ihre Gedanken drehten sich immer schneller, und zunehmend hatte sie das Gefühl, sie nicht mehr stoppen oder kontrollieren zu können.

Der Fachausdruck für diese höchst unangenehmen Vorgänge, die mit Erwartungsängsten verbunden sind, heißt »Grübelzwänge«. Frau P. hat die Kontrolle über ihre Gedanken verloren, ein zwanghaftes Grübelnmüssen ist entstanden. Die Folgen sind erheblich, denn Grübelzwänge zerstören das Selbstwertgefühl, verunsichern und verursachen neue Ängste und Panikgefühle. Im Sinne eines Teufelskreises führt dies zu verstärktem Grübeln, wodurch sich Angst und Panik intensivieren.

Wo liegt das Problem, wo ist hier die *Maus* zu suchen? Es liegt sozusagen in einem falschen Lösungsansatz: Man versucht sich gegen alle möglichen künftigen Probleme zu wappnen, indem man sich sie vorstellt und versucht, Lösungen vorwegnehmend im Denken zu finden. Sie können hier jedoch nicht gefunden werden, denn die situationsgerechte Lösung wird sich erst ergeben, wenn sich das Problem tatsächlich stellt: Offen sein für mögliche künftige Probleme, das heißt Offenheit gegenüber dem Leben. Denen, die nicht, wie das Glückskind, Urvertrauen entwickeln konnten, fällt dies häufig besonders schwer.

Grübelzwänge haben die Tendenz, sich auszubreiten und das Bewusstsein immer stärker – vergleichbar einem Virus – zu befallen und zu verseuchen. Weitere Folgen sind Schlaf-, eventuell Appetitlosigkeit vor dem Hintergrund extremer Anspannung und innerer Unruhe. Der psychische Apparat läuft sozusagen auf Hochtouren und ist überfordert.

Ausgangspunkt für die Ängste von Frau P. waren Überzeugungen wie »Ich schaffe es nicht« oder »Es könnte schief gehen« oder »Eventuell geschehen Dinge, denen ich hilflos gegenüberstehe«. Die Erwartungsängste hielten einer realistischen Betrachtung nicht stand. Es gab in Wirklichkeit keine Situation, der sie grundsätzlich nicht gewachsen war, es waren zunächst nur Befürchtungen. Diese Erwartungsängste konnten die Patientin innerhalb von Sekunden überfallen. Mitunter genügte ein Gedanke, um Panik auszulösen. Frau P. entwickelte Angst vor ihrer Angst.

Auf der Suche nach ihrer *Maus* wurde deutlich, dass Frau P. tief in sich eine Programmierung trug, die ihr von den Eltern vermittelt worden war. Viel zu sehr hatten diese in der Vergangenheit die Verantwortung für ihr Leben übernommen. Sie hatten den schulischen Werdegang bestimmt, die Berufswahl entschieden und allgemein ein eigenständiges Leben durch übergroße Fürsorglichkeit verhindert. Sie suggerierten so ihrem Kind immer wieder: »Du schaffst es nicht allein, du brauchst Hilfe, du brauchst uns, deine Eltern, besonders deinen Vater.« Hier wird deutlich, dass es nicht reicht, die *Maus* zu kennen, denn seit langem war Frau P. bewusst, dass sie viel zu sehr unter dem Einfluss insbesondere ihres Vaters stand, gegen den sie sich noch nie zur Wehr gesetzt hatte.

Das Märchen weist unmissverständlich darauf hin, dass es darum geht, die *Maus* zu töten. Die alte Überzeugung »Ich schaffe es nicht« ist durch eine neue, konstruktivere zu ersetzen: »Ich schaffe es!«, beziehungsweise: »Auch wenn ich Fehler mache, wenn ich anderen mitunter nicht genüge – ich schaffe es!« Es gilt, hartnäckig an diesem neuen Leitsatz festzuhalten. Immer wieder werden sich die früheren Befürchtungen melden und den alten Teufelskreis der Selbstzweifel und Erwartungsängste in Bewegung setzen, denn die *Maus* ist nicht so leicht zu töten.

Bei der weiteren Selbstbeobachtung erkannte Frau P., dass sie in den Zeiten, in denen sie bei der inneren Überzeugung »Ich schaffe es« bleiben konnte, keine Ängste mehr verspürte. Sobald sie jedoch wieder begann, Situationen zu erfinden, die ihr gefährlich werden konnten, stellten sich Grübelzwänge und Ängste erneut ein.

Entscheidend war, dass Frau P. bewusst wurde, dass sie selbst ihre Ängste und Grübelzwänge auslöste, ohne dass sie dies wollte. Der Versuch, in der Zukunft zu leben, wurde von ihr als Angstfalle erkannt. In der folgenden Zeit richtete sie ihre Aufmerksamkeit auf das Leben im Heute, im Hier und Jetzt. Nur die aktuellen Probleme sind lösbar, und oft wird nicht erkannt, was eigentlich hinter den Sorgen für die Zukunft steckt: dass es eine Flucht in die Zukunft ist, die davor schützen soll, ein gegenwärtiges Problem lösen zu müssen. Im Falle von Frau P. war dies der Abschied von der Gemeinschaft. Zu einigen ihrer Mitpatientinnen und -patienten hatte sie eine tiefere Beziehung aufgebaut, nun wollte sie den Abschiedsschmerz vermeiden.

Frau P. bemühte sich um weitere Bewusstheit bezüglich ihrer Situation. Sie beobachtete aufmerksam ihre Gedanken und lenkte ihr Interesse immer wieder bewusst auf das Hier und Jetzt. Die aktuellen Probleme zu lösen betrachtete sie nun als die wesentliche Aufgabe. Ihr Leitsatz lautete fortan: *Wo die Angst ist, ist der Weg.*

Nur Konflikte, die angegangen und bewältigt werden, tragen zum Aufbau von Selbstsicherheit und zum Verschwinden von Angst bei. Das Vermeiden von Konflikten wird, wie die *Maus* im Märchen, Kraft und Energie rauben.

Bei den meisten Ängsten kommt ein bestimmtes Denkmuster zum Tragen, das mit der Angst vor Versagen zusammenhängt. Mögliche Gefahren, Missgeschicke oder Katastrophen werden befürchtet und in der Fantasie in grellen Farben ausgemalt. »Hoffentlich passiert XY nicht, wenn XY passiert, dann ertrage ich das nicht, weiß ich nicht weiter, sehe ich keinen Weg mehr.« Diese Erwartungsängste sind meist wirklichkeitsfremd und zu entkräften, indem realistische Gedanken an ihre Stelle gesetzt werden: Was ist denn schon dabei, wenn ich einen Fehler mache? Was macht es schon, wenn ich mich blamiere? Selbst wenn ich mir eine Abfuhr einhandle, werde ich genauso glücklich weiterleben wie zuvor. Auch wenn einmal jemand wütend auf mich sein sollte, wird er sich schon irgendwann beruhigen. – Der gelassenere Blickwinkel führt zu Reduzierung von Angst und im Sinne des Märchens zum Töten der *Maus.*

Eine hilfreiche Technik kann die Arbeit *mit einem sicheren Ort* sein. Diese Technik wird oft eingesetzt, wenn jemand schnell von Ängsten überschwemmt wird, wenn Ängste sich verselbstständigen. Bei unverarbeiteten traumatischen Ereignissen wie sexuellem Missbrauch, Unfällen, Schock, Terror und Folter wird die Angst durch so genannte Trigger (Auslöser) ausgelöst. Wie von selbst oder durch Ähnlichkeiten im Tagesgeschehen erinnern sich Betroffene an die dramatischen Ereignisse, und sofort stellen sich Panik und Angst wieder ein. Es sind, wie bereits oben erwähnt, unsere Gedanken, die Panik, Angst und Unsicherheit verursachen. Doch so wie es möglich ist, sich mithilfe der Fantasie in emotionale Katastrophen förmlich hineinzusteigern, so ist es auch möglich, sich mithilfe der eigenen inneren Bilder einen völlig angstfreien sicheren Ort zu erschaffen. Den persönlichen Vorlieben entsprechend kann dies ein Ort in der Natur, etwa auf einer Wiese, an einem Bach oder in einem bestimmten Raum sein. Im Laufe der Zeit gelingt es durch Übung immer schneller, diesen sicheren inneren Ort aufzusuchen und der Angst damit den Raum zu entziehen.

Bei diesen Techniken, die Angst vermindern sollen, geht es nicht darum, die Betroffenen angstfrei in allen Lebensbereichen zu machen. Angst ist immer ein Signal, ein Symptom, das auf ein tiefer liegendes Problem hinweist. Die tiefenpsychologische Vorgehensweise, nicht die Symptome zu bekämpfen, sondern die Ursachen aufzudecken und zu bearbeiten und dadurch Heilung zu erreichen, ist bei starken Ängsten und gerade bei traumatischen Erfahrungen häufig erst möglich, wenn ein solch sicherer Ort geschaffen werden konnte.

Ängste können äußerst quälend sein und die Persönlichkeit völlig überschwemmen, wie dies bei einer generalisierten Angststörung (siehe Anhang) der Fall ist. Sie bedürfen dann einer psychotherapeutischen Behandlung.

Soziale Ängste

In der heutigen »Spaßgesellschaft« sind Gefühle wie Angst, Kummer, Sorge oder Trauer verpönt. Von den bunten Reklametafeln lächeln uns nur gesunde, glückliche Menschen entgegen, und jeder möchte sich mit ihnen identifizieren. Angst haben bedeutet – besonders für Männer –, Schwächen zu haben. Ängste werden daher möglichst versteckt, auch vor sich selbst, um dem eigenen Idealbild zu entsprechen. Psychologen erkennen ein *Angsttabu.*

So wie im Märchen die *Maus* zunächst unsichtbar unter der Erde lebt und hier erst entdeckt werden muss, ist es notwendig, die eigenen Ängste zu suchen und zu finden.

Die verbreitetsten Ängste finden sich im zwischenmenschlichen Bereich: Angst vor Vorgesetzten, Eltern, Frauen, Männern, Gruppen, Nähe, Distanz usw. Vielfach ist die Angst den Betroffenen nicht einmal wirklich bewusst. Sie gehen den Konflikten aus dem Weg, indem sie ängstigende Situationen meiden, meist haben sie dafür eine plausible Erklärung. Aus Angst vor Zurückweisung, Kränkung oder weil sie sich unterlegen fühlen, wehren sie sich nicht ausreichend. Diese alltäglichen Ängste können überaus einschränkende Wirkungen haben. Der Lebensbaum kümmert tatsächlich dahin.

Auch hier besteht der erste Schritt darin, sich der Ängste bewusst zu werden: Welche ängstigenden Situationen meide ich regelmäßig, an welchen Aktivitäten nehme ich nicht teil, obwohl ich doch gerne hingehen würde? Welche berechtigten Forderungen habe ich nicht gestellt? Warum gerate ich durch meinen Perfektionismus immer in Überforderungssituationen? Oft steckt Angst vor Kränkung oder Abwertung dahinter, letztlich die Angst, nicht zu genügen. Diese versteckten Ängste haben ihre Ursachen in der Vergangenheit, meist in der Kindheit.

Hier eine Liste der häufigsten sozialen Ängste und wie sie sich äußern. Je ausgeprägter die Verhaltensweise, desto mehr Angst steckt vermutlich dahinter:

- Angst vor Autorität äußert sich in zu großer Unterwürfigkeit;
- Angst vor Kritik bringt einen Menschen dazu, sich mit übertriebenem Einsatz zu bemühen, keine Fehler zu machen, sie führt auch zu dem Gefühl, sich rechtfertigen zu müssen;
- übertriebene Angst, andere zu verletzen, führt dazu, übervorsichtig zu reagieren (dahinter steht die Befürchtung, selbst verletzt zu werden);
- Angst vor Bloßstellung führt zu übermäßig vorsichtigem Verhalten in sozialen Beziehungen, insbesondere in Gruppen;

- Angst vor Alleinsein wird durch exzessives Vermeiden dieser Situation gekennzeichnet;
- Angst vor Disharmonie bringt einen Menschen dazu, mit übertriebenem Einsatz für eine konfliktfreie Umgebung zu sorgen, wobei berechtigte eigene Bedürfnisse meistens zurückgestellt werden;
- Versagensängste führen zur Vermeidung von Verantwortung und Situationen, die eine exponierte Stellung in der Gruppe bedeuten;
- Angst vor Erfolg ist eng mit den Versagensängsten verbunden;
- Angst vor Neuem führt zur Vermeidung neuer Beziehungen, neuer Erfahrungen usw.;
- Angst vor Nähe führt dazu, dass körperliche Berührung vermieden wird oder enger werdende Beziehungen beendet werden müssen.

Wenn Ängste verleugnet werden, bahnen sie sich auf andere Weise ihren Weg. Sie können andere Gefühle hervorrufen wie Aggression, verstärkte Wut oder Trauer, deren Ursachen dann nicht verstanden werden. Die *Maus* kann allerdings nur töten, wer seine Ängste bewusst erkannt hat. Für viele Lebenssituationen gilt der Leitsatz: *Wo die Angst ist, ist der Weg.*

Niemand kann konfliktfrei leben. Der Mensch ist ein soziales Wesen, daher stoßen ständig verschiedene Interessen zusammen. Für die Bewältigung des Lebens ist es also von großer Bedeutung, wie jemand mit Konfliktsituationen umgehen kann. Menschen mit wenig Selbstvertrauen erleben Meinungsverschiedenheiten, Kritik usw. schnell als Entwertung. Konflikte zu umgehen ist eine viel benutzte Möglichkeit, dieses unangenehme Gefühl zu vermeiden: unbequeme

Dinge werden hinausgeschoben, die eigene Meinung wird versteckt, Wut in sich hineingefressen. Dies führt zu noch schwächerem Selbstwertgefühl und zum Verlust von Lebensenergie. Wer immer wieder Konflikten aus dem Weg geht, wird zum typischen Konfliktvermeider. Dies bedeutet, dass er in einen gefährlichen Teufelskreis gerät, der gekennzeichnet ist von Selbstabwertung, tatsächlichen Nachteilen (weil er übergangen wird), einem Mangel an positiven Lernerfahrungen (er lernt nie oder weiß nicht mehr, wie Probleme gelöst werden) und einer pessimistischen Lebenshaltung. Auf Dauer führt dies zu psychosomatischen Beschwerden und Erkrankungen.

Meine Patienten sind immer wieder erstaunt, wenn ich ihnen klar mache, dass man Angst genießen kann. Dies ist tatsächlich möglich. Für viele ist es selbstverständlich, einen spannenden Kriminal- oder Horrorfilm anzuschauen, auf eine rasante Achterbahn zu gehen oder mit dem Auto schnell zu fahren – Situationen, die Nervenkitzel, eine Art Lust-Angst erzeugen, die viele suchen und genießen. So ist es auch möglich, Ängste zu genießen, vor denen man zuvor zurückgewichen ist.

Herr K. machte sich klar, dass er sich kostenlosen Nervenkitzel verschaffte, als er nach einem Vortrag eine Frage stellte, die er sich bis dahin nie getraut hätte zu stellen.

Frau M. tat dasselbe, als sie ihrer Nachbarin erstmals mitteilte, dass sie sich über sie geärgert hatte.

Herr S. bat um eine Lohnerhöhung, die längst überfällig war, und trat damit erstmals für seine Bedürfnisse ein. Dies war der Anfang eines neuen Selbstverständnisses.

Die *Maus* zu töten sollte immer auch mit positiven Gefühlen verbunden sein, nie mit Zwang. Wer keine Lust auf Selbstentfaltung verspürt, wird seine Bemühungen bald wieder einstellen.

Im Märchen erhält der Glücksjunge eine Belohnung. Ihm sollen zwei mit Gold beladene Esel folgen. Die Bildersprache des Märchens muss an dieser Stelle wiederum übersetzt werden, es geht nicht um materiellen Reichtum. Die natürliche Folge davon, dass jemand seine *Maus* tötet, also seine Ängste überwindet, ist der Zugewinn von innerem Reichtum. Häufig ist es die Angst vor Menschen, die uns quält. Wenn sich die Angst vor anderen verringert, wird vor allem mehr Nähe möglich sein. Und das, was letztlich zählt im Leben, ist der warmherzige Kontakt zu anderen Menschen. Mit dem Zugewinn an innerer Freiheit und Reichtum sind auch die Voraussetzungen dafür geschaffen, dass »der Baum wieder goldene Früchte trägt«. Die Lebensenergien beginnen auf neue Art zu fließen, man gewinnt mehr Unabhängigkeit, es erschließen sich neue, zuvor nicht für möglich gehaltene Perspektiven.

An dieser Stelle mögen Hinweise auf die mit Gold beladenen Esel genügen. Das Bild taucht ein zweites Mal auf, wenn der versiegte Brunnen wieder Wein zu spenden beginnt. Wir werden ausführlicher darauf zurückkommen, nachdem es dem *Glücksjungen* gelungen ist, auch die *Kröte* zu töten.

Folgen wir dem *Glücksjungen* auf seinem Rückweg, dann beginnen wir zu verstehen, dass der Ablauf sehr folgerichtig ist: Zunächst verrät er dem *Fährmann* die Lösung und gelangt dann in die Stadt, in der der Baum dem Verdorren nahe ist. Schließlich erreicht er auch die Stadt mit dem Brunnen, der versiegt ist. Das, was sich im Märchen abbildet, kann als Leitfaden für eine Psychotherapie angesehen werden, gilt es doch zunächst, die süchtigen oder suchtartigen Verhaltensweisen zu stoppen, um dann auf die Ängste zuzugehen. Schließlich ist es notwendig, noch weiter, noch tiefer nach den inneren Blockaden zu fragen, die Lebensglück behindern. Notwendig dazu ist die Kenntnis *des persönlichen Mythos*. Es wird sich herausstellen, dass *Maus* und *Kröte* in einem inneren Zusammenhang stehen.

Das Lebensskript oder der persönliche Mythos

Sich mit dem *Lebensskript* oder *dem persönlichen Mythos* beschäftigen heißt, sich mit dem eigenen Lebensdrama auseinander setzen, das mit der Geburt beginnt und mit dem Tod endet.

In der Fabel vom Adler, der auf dem Hühnerhof aufwachsen musste, hatte der Adler keine Chance, seine wirkliche Natur zu entwickeln, ja, er wusste nicht einmal, wer er wirklich war. Sein Maßstab waren die Hühner. Dasselbe Schicksal erleiden viele Menschen. Sie durften nie ihre Anlagen und Begabungen entwickeln und leben ein eingeschränktes, selbstentfremdetes Leben nach Vorgabe der anderen. Die Angst, »von den anderen Hühnern nicht mehr als Huhn akzeptiert zu werden«, hindert sie daran, das zu sein, was sie eigentlich sind und sein könnten.

Wenn wir uns der Frage nach der *Maus*, die das Lebensglück an den Wurzeln schädigt, tiefgründiger stellen, ist es hilfreich, uns mit dem persönlichen Mythos zu beschäftigen. Darunter ist die Gesamtheit der *Glaubenssätze oder Überzeugungen* zu verstehen, die wir über uns selbst entwickelt haben. Jeder hat sich daraus seinen persönlichen Mythos konstruiert und lebt danach. Dieser Mythos kann, je nachdem, lebensfördernd sein oder aber massiv blockieren.

Zum persönlichen Mythos gehört alles, was wir über uns selbst glauben. Dazu gehört nicht nur die bewusste Meinung, die wir von uns entwickelten. Wir haben viele Wertungen und Vorstellungen über uns von anderen unbewusst aufgenommen, vor allem in der Kindheit. Diejenigen Vorstellungen, die unser Selbstgefühl negativ beeinflussen und die wir deshalb nicht wahrhaben wollen, wirken unterschwellig und unkontrolliert. Dass die *Maus* unter der Erde lebt und erst gefangen werden muss, bevor sie getötet werden kann, bedeutet auf den Menschen übertragen, dass die Überzeugungen, die aus dem Verborgenen wirken, ans Licht gebracht werden müssen. Solange sie nicht bewusst sind, sind sie unserem Einfluss entzogen.

Typische Überzeugungen oder Blickwinkel sind: Ich bin der ewige Versager; ich bin das schwarze Schaf in unserer Familie; ich bin ein Glückspilz; ich bin ein Habenichts; ich bin ein erfolgreicher

Geschäftsmann; ich bin ein Angsthase; ich habe Glück in der Liebe; ich werde immer beim Mogeln erwischt; ich bin ein Alkoholiker; ich bin hässlich; ich bin schön usw. Jeder hat solche inneren Überzeugungen, die einen umso mächtigeren Einfluss ausüben, je weniger wir sie kennen. Die *Maus* repräsentiert die negative Seite des persönlichen Mythos.

Bei der Auseinandersetzung mit der *Maus* geht es um die Erforschung der eigenen Ängste, vor allem um Ängste aus der Kindheit, die vielfach immer noch wirksam sind, insbesondere um die *Angst, nicht zu genügen,* und die *Angst vor Unabhängigkeit.* Viele Menschen fühlen sich kleiner, als sie sind, wie der Adler im Hühnerhof, und so paradox es erscheint: Leute, die sich besonders herausstellen und besonders angeben, fühlen sich hinter der Fassade besonders klein und erkennen ihre wahre Größe genauso wenig wie die von offensichtlichen Minderwertigkeitsgefühlen Geplagten.

Wie bereits oben beschrieben, haben Eltern besonders während der ersten Lebensjahre einen machtvollen Einfluss auf die Persönlichkeitsentwicklung, hemmen oder fördern Wachstum und Entfaltung ihres Kindes. Daher ist es von großer Bedeutung, bei der Erforschung des eigenen Mythos die Kindheit zu reflektieren:

- Wie wurde ich gelobt und getadelt? Konnten mich beide Eltern lieben und akzeptieren? Zu welchem Elternteil hatte ich eine innigere Beziehung? Bin ich einem Elternteil ähnlicher als dem anderen?

- Welche grundsätzlichen Ratschläge gaben sie mir? Sei vorsichtig; setze immer auf Sicherheit; traue niemandem; geh kein Risiko ein! Oder: Du schaffst es schon; du darfst auch deinen eigenen Willen ausdrücken; alle Menschen haben einen guten Kern! Die Einschärfungen der Eltern funktionieren möglicherweise immer noch.

- Botschaften, die die Eltern zwischen den Zeilen mitteilten, waren mindestens so wirksam wie ausgesprochene Meinungen und Bewertungen. Manchmal stehen kurze Sätze, die scheinbar nebenbei ausgesprochen wurden, für ein Programm, zum Beispiel: Aus dir wird sowieso nichts; du wirst uns alle enttäuschen; du hast kein Geschick, kein Taktgefühl, keinen Charme, kein Talent …

- Gab es widersprüchliche Botschaften? Streng dich an – aber du wirst es doch nicht schaffen! Oder: Werde selbstständig – aber verlass mich nicht!

- War Zuneigung an Bedingungen geknüpft? Ich liebe dich,
  wenn du immer tust, was ich dir sage;
  meinen Erwartungen gerecht wirst;
  bei mir bleibst;
  zu mir hältst.

- Welche negativen Gefühle wiederholen sich immer wieder?

Die Auseinandersetzung mit dem Mythos führt zwangsläufig zur inneren *Kröte,* die Selbstannahme und Selbstliebe verhindert. Angst und Selbsthass gehören meist zusammen.

Die Suche nach der *Kröte*

Die Kröte entdecken – Beispiele aus der Psychotherapie

»Jeder, der mich kennt, denkt, dass ich ein stabiles Selbstwertgefühl habe; aber in Wirklichkeit ist dem nicht so.« Diese Äußerung von Frau H. während eines Therapiegespräches wird vielen Menschen vertraut vorkommen. Wir alle verstecken uns mehr oder weniger hinter einer Maske und vermitteln unseren Mitmenschen ein Bild, das mit unserem Inneren nicht übereinstimmt. Zum Problem wird dies, wenn unser inneres Befinden und unsere Selbstdarstellung stark auseinander klaffen. Meist gilt die Aussage: Je großartiger jemand auftritt, desto kleiner fühlt er sich in seinem Inneren.

Das, was im Märchen wie beiläufig erklärt wird, nämlich dass die *Kröte*, die unter dem Stein sitzt, zu töten sei, ist in der Realität nicht leicht zu verwirklichen. Manche kennen ihre *Kröte(n)* recht gut, sie wissen, dass sie unter Minderwertigkeitsgefühlen leiden oder Probleme mit Selbstliebe haben, aber sie fühlen sich unfähig, dies zu verändern. Die frühen Prägungen erweisen sich als ausgesprochen hartnäckig. Umlernen ist nicht so leicht! Oft werden alte Verhaltensweisen zur Falle.

*Kröte*n haben, wie man weiß, ein sehr unterschiedliches Aussehen, in der Natur sind ca. 5 000 Arten bekannt. Auch das, was unser Selbstwertgefühl beeinträchtigt und schädigt, ist höchst individuell. Jeder musste im Verlauf seines Lebens mehr oder weniger *dicke Kröte*n schlucken. Die meisten richten glücklicherweise keinen dauerhaften Schaden an, weil sie wieder verschwinden. Andere bleiben verborgen im Brunnen unter einem Stein und beeinträchtigen unser Lebensgefühl nachhaltig.

Einige Beispiele, wie sich die *Kröte* darstellen kann, was die Hintergründe sind und wie man sie töten kann, sollen zur Suche nach der eigenen *Kröte* anregen. Sie stammen von Teilnehmerinnen und Teilnehmern einer Gruppenpsychotherapie auf der Grundlage unseres Märchens:

Ablehnung durch die Eltern

Herr O. ist sich seiner Kröte schnell bewusst: Er sei von den Eltern nicht erwünscht gewesen. Sie hätten ihre eigenen Probleme nicht lösen können, weil sie beide suchtkrank waren. Er habe seine Kindheit deswegen hauptsächlich in Heimen verbracht und sei nicht in der Lage, sich selbst zu lieben.

Die *Kröte* besteht bei Herrn O. aus Botschaften von Eltern, die sich selbst nicht lieben konnten und demzufolge auch nicht in der Lage waren, ihren Sohn zu lieben. Sie lauteten in etwa: *Du bist unerwünscht; du bist mir eine Last; du bist lediglich dafür da, alles zu tun, damit es mir besser geht; ich will dich nicht; ich kann mich nicht um dich kümmern* ... Diese unausgesprochenen, unterschwellig vermittelten Botschaften der Eltern blieben als innere Überzeugungen wirksam und hatten bei Herrn O. tiefe Verletzungen des Selbstwertgefühls zur Folge. Sie lösten bei ihm innere Traurigkeit, Gefühle quälender Leere und tiefe Wut aus. Eine heilsame Trauerarbeit führte ihn zurück in die Kindheit. Er fand den Mut, sich dem Schmerz zu stellen und offen über seine verletzten Gefühle zu sprechen.

Von den Eltern Ablehnung erfahren zu haben ist eine schwere Bürde, die sich negativ auf das Selbstwertgefühl auswirkt und die Lebensfreude nachhaltig beeinträchtigen kann. Die *Kröte* zu töten bedeutet hier, sich von den negativen Einflüssen der Eltern zu lösen. Dazu ist es notwendig, die Verantwortung für das eigene Leben zu übernehmen. Herr O. hatte die Schuld für sein schwieriges Leben (er wurde selbst suchtkrank) bei den Eltern gesucht. Ihnen gegenüber hegte er tiefen Groll. Doch obwohl das Verhalten der Eltern tatsächlich nachhaltige Folgen zeigte, war es unabdingbar für Herrn O. zu verstehen, dass nur er selbst das Problem zu lösen vermochte. Die Verantwortung für das beschädigte Selbstwertgefühl kann er aber erst übernehmen, wenn er die Ursachen für das eigene Drama sehen und einen Weg erkennen kann, sich von den schädlichen Prägungen zu lösen und sie durch realistischere zu ersetzen.

Unablässig reden wir mit uns selbst, und diese Selbstgespräche, die in aller Regel stumm im privaten Innenraum unserer Psyche stattfinden, haben den entscheidenden Einfluss auf unsere Gefühle. So wie wir mit uns selbst reden, so fühlen wir uns. Ich werde später auf diesen wichtigen Punkt zurückkommen. Im Falle von Herrn O. hatten sich Gedanken und Gefühle verselbstständigt. Er hatte ein vollständig negatives Bild von sich verinnerlicht, das permanent zu negativen Gedanken und in einem Teufelskreis wiederum zu unangenehmen Gefühlen führte.

Im Verlauf der Therapie gelang es Herrn O. immer besser, ein positives Bild von sich selbst zu entwerfen. Er schaute auf die Bereiche seines Lebens, in denen er trotz ungünstiger Bedingungen erfolgreich war. Er versuchte, seine Talente zu entdecken und kreativ zu fördern. Er richtete seinen Blick auf die Mitmenschen, die ihm signalisierten, dass er erwünscht sei. Bisher hatte er sein Augenmerk verstärkt auf die Menschen gerichtet, die Ablehnung ausdrückten. Gemäß dem »Gesetz« des Wiederholungszwangs hatte Herr O. oft Bestätigung für seine zerstörerische Haltung sich selbst gegenüber gesucht und gefunden.

Es war die Arbeit mit dem verletzten inneren Kind, die ihm zunehmend ermöglichte, sich selbst die Liebe und Wertschätzung zuteil werden zu lassen, die er bei den Eltern schmerzlich vermissen musste. Er erarbeitete sich neue Glaubenssätze, die die alten, lebenshemmenden ersetzten: *Ich bin erwünscht; ich bin willkommen; ich liebe mich immer mehr; ich bin wertvoll; ich bin gut.*

Der negative Blickwinkel, der so lange das Leben bestimmt hat, gewinnt leicht erneut die Oberhand; die *Kröte* ist sehr widerstandsfähig. Sind die destruktiven Überzeugungen tief verankert, ist eine therapeutische Gemeinschaft oder Selbsthilfegruppe hilfreich, die das Einüben der realistischen Blickwinkel unterstützt. Rückfälle sind zu erwarten und dürfen nicht überbewertet werden.

Emotionaler Missbrauch

Herr W. erkannte seine Kröte *als mangelndes Selbstwertgefühl. Er sah die Ursache darin, dass er von seinem Vater immer gesagt bekam, was er tun sollte. Letztlich habe sein Vater sich immer durchgesetzt, obwohl er oft versucht habe, sich dagegen zu wehren. Beispielsweise habe er, dem Drängen des Vaters nachgebend, den Beruf des Bankkaufmanns erlernt. Als er zum Wehrdienst musste, habe der Vater ihm geraten, wie er selbst Offizier zu werden. Damals habe er sich vehement gegen diesen Vorschlag gewehrt und seine Pflichtdienstzeit absolvieren wollen. Bald sei aber sein Auto defekt gewesen, sodass die Heimfahrten nicht mehr möglich waren. Da sein Vater ihm ein neues Auto kaufen wollte, wenn er sich auf drei Jahre verpflichten würde, sei er schließlich auch hier dessen Vorschlag gefolgt. Wieder habe er darunter gelitten, dass er dem Willen des Vaters nachgegeben hatte.*

Herr W. berichtete über Autoritätsprobleme mit Vorgesetzten. Immer wieder habe er versucht, sich zu wehren, indem er sich gerade nicht angepasst habe. Dadurch habe er sich um einige wichtige berufliche Chancen gebracht und viele Beziehungen zerstört. Auch seine Ehe sei an ständigen Machtkämpfen gescheitert.

Bei der weiteren Auseinandersetzung von Herrn W. mit seinem Lebensproblem wurde deutlich, dass es ihm nicht gelingt, sich auf Beziehungen oder Aufgaben wirklich *einzulassen.* Entweder fühlt er sich zu angepasst, oder er begibt sich in Opposition. Seine Versuche, sich vom autoritären Vater zu lösen, sind bis dahin gescheitert.

Beim Zurückverfolgen der Ursachen ist es immer wichtig, die Beziehung zu *beiden* Elternteilen zu reflektieren. Herr W. sah vor allem die Beziehung zum Vater als problematisch an. Bei der Klärung der Familiengeschichte wurde offensichtlich, dass er von der Mutter verwöhnt worden war. Er hatte ein *gespaltenes* Elternbild. Während er die Mutter über alles liebte, hegte er dem Vater gegenüber starke Grollgefühle.

Die Mutter hatte sich innerlich auf die Seite des Sohnes geschlagen und immer versucht, ihn gegenüber dem autoritären Vater in Schutz zu nehmen. Die viel zu enge Bindung von Herrn W. an seine Mutter wirkte sich mindestens so nachteilig aus wie das autoritäre Verhalten des Vaters. Herr W. erkannte, dass es vor allem die Eifersucht des Vaters auf die enge Beziehung zwischen ihm und seiner Mutter war, die den Vater so hart werden ließ. Immer wieder versuchte er, die nachgiebige Haltung der Mutter mit Strenge auszugleichen. Er wollte aus seinem Sohn *einen Mann machen*, der sich vom Rockzipfel der Mutter löst (daher auch dessen Wunsch, er solle Offizier werden).

Allmählich gelang es Herrn W., ein realistischeres Bild seiner Mutter zu erarbeiten. Er erkannte, wie sehr ihm die Verwöhnung geschadet hatte und welche Auswirkungen sie noch hatte. Insbesondere in der Beziehung zu seiner Frau war er weniger Partner als verwöhntes Kind. Im Sinne des bekannten Schlüssel-Schloss-Prinzips hatte er eine dominante Partnerin gefunden, die seine Verwöhnung unterstützte, dafür jedoch Anpassung verlangte.

Die *Kröte* zu töten blieb für Herrn W. auf längere Zeit hin eine große Herausforderung und lebenswichtige Aufgabe. Als er sich mit seiner *Kröte* vertraut gemacht hatte, bemühte er sich um eine heilsame Selbstdisziplin. Er erkannte, dass sein Vater es letztlich gut mit ihm gemeint hatte und dass sich in seinen Forderungen auch Liebe verbarg. Indem er ihm an den Stellen Recht gab, an denen seine Einstellung richtig war, konnte er ohne Groll bei anderen Situationen feststellen, dass er anderer Meinung war. Jetzt konnten beide Meinungen nebeneinander stehen, ohne dass dadurch eine gegenseitige Abwertung erfolgte. Herr W. lernte, dass *Einlassen* nicht *Unterwerfung bedeutet.* Das Töten der *Kröte* war bei ihm mit dem Gewinn der Unabhängigkeit von den Eltern verbunden.

Selbstentfremdung

Frau B. hatte ihre Kröte *bald erkannt. Sie erinnerte sich an einige Szenen aus ihrer Kindheit, die prägenden Charakter hatten: Als kleines Mädchen hatte sie Freude daran, sich »schön zu machen«, sich vor den Spiegel zu stellen und sich anzuschauen. Dies war ihr ein liebes Spiel; jedoch habe die Mutter auf dieses Amüsement mit scharfer Ablehnung reagiert. Sie wurde beschimpft, weil sie sich um Schönheit bemühte. Die Mutter schärfte ihr ein, dass es im Leben immer um innere Schönheit gehen müsse, jede Form äußerer Schönheit sei verwerflich. Die Folge dieser Maßnahme war, dass es Frau B. schwer fiel, ihre Rolle als Frau einzunehmen. Sie kleidete sich eher unvorteilhaft, fühlte sich im Kontakt zu Männern unsicher und konnte nicht ungezwungen ihre weibliche Identität leben. In ihrer Ehe nahm sie die »Aschenputtel«-Rolle ein und war ganz für ihren Mann da. Schließlich trennte er sich von ihr. Nach allem, was sie für ihn getan und von sich selbst geopfert hatte, konnte sie die Trennung nicht verschmerzen.*

Um ihre *Kröte* zu töten, konfrontierte sich Frau B. in der Therapie mit der verdrängten Wut auf die Mutter, die ihr so nachhaltig die Freude an ihrem Körper genommen hatte. Sie entwickelte ein neues Lebensprogramm, das ihr erlaubte zu tun, wonach ihr zu Mute war. Sie kleidete sich wesentlich geschmackvoller und ließ sich von Mitpatientinnen diesbezüglich beraten. Sie sprach über ihre Unsicherheiten in der neuen Rolle und lernte, eine schöne Frau zu sein. Ein wichtiges Ziel für sie war, Komplimente über ihr Äußeres annehmen zu können und zu genießen.

Viele Menschen leben ähnlich wie Frau B. in einer *Opferidentität.* Sie opfern sich in vielen Lebenslagen für andere: sei es in Partnerschaften, im Beruf, Freundeskreis usw. Hintergrund der Opferidentität ist häufig ein *emotionaler Missbrauch* während der Kindheit und Jugend. Diese Menschen fühlen sich vergewaltigt, weil sie sich nicht freiwillig zu einer Opferhaltung entschieden haben, sondern sich dazu gezwungen fühlen. Ich werde später nochmals darauf zurückkommen.

Die Elternrolle übernehmen

Der Vater von Herrn H. hatte sich als Kriegsversehrter nie mit seiner Behinderung abfinden können. Er konnte keiner geregelten Arbeit nachgehen, und die materielle Ausstattung der Familie war entsprechend schlecht. Das Klima in der Familie war kalt und von dem Anspruch geprägt, dass sich alle Familienmitglieder um die Nöte des Vaters zu kümmern hätten. Schon früh versuchte Herr H. zur Verbesserung der finanziellen Situation der Familie beizutragen. Er übernahm alle möglichen Hilfsarbeiten und lieferte das Geld zu Hause ab.

Es ist wichtig, dass *Geben* gelernt wird. Ebenso wichtig ist, dass *Nehmen* gelernt wird. Dies war bei Herrn H. nicht der Fall. Das Motto in der Familie lautete: Wir sind arm, wir haben nichts zu lachen, alle müssen ihre Kräfte für die Verbesserung der Familiensituation einsetzen. Das Einzige, was zählte und wodurch Herr H. Bedeutung oder Wert in der Familie erlangen konnte, war, dass er Geld ablieferte. Davon leitete er sein Selbstwertgefühl ab. Er lernte: *Ich bin nur wertvoll, wenn ich viel für andere tue.*

Elterliches Leid kann Terror erzeugen und nachhaltig auf die Persönlichkeit, insbesondere auf das Selbstgefühl kleiner Kinder einwirken. Ein kaltes Klima in der Familie, das die natürlichen Bedürfnisse nach Fröhlichkeit und Ausgelassenheit von Kindern nicht berücksichtigt, führt zu Traurigkeit, Depression und Wut. Für Herrn H. war es wichtig, dass er Zugang zu seinen tiefen Wutgefühlen fand, die er schon früh verdrängen musste, da er befürchtete, das Leid in der Familie dadurch zu verstärken.

Den Eltern zu gefallen, wichtig für sie zu sein, ihnen zu helfen vermittelt Kindern Bedeutung, sie wollen sich damit deren Liebe sichern. Kinder sind äußerst sensibel für Erwartungen, die an sie gestellt werden. Sind die Eltern, Vater oder Mutter, selbst bedürftig, übernehmen Kinder schon sehr früh die Elternrolle für ihre Eltern. Sie können es nicht ertragen, wenn es ihnen schlecht geht, und sie spüren Stolz und Bedeutung, wenn sie helfen können. Vor diesem Hintergrund entwickeln sie eine typische *Helferpersönlichkeit.* Fortan glauben sie, dass der Sinn des Lebens darin bestehe, für andere da zu sein.

Nur wenn sie helfen können, glauben diese Menschen, eine Existenzberechtigung zu haben. Ihr Lebensmotto lautet: *Ich muss ganz für andere da sein, um geliebt zu werden!* An mich selbst zu denken ist schlecht! In dieser Lebenshaltung finden wir eine *Kröte,* die den Wein im Brunnen nachhaltig zum Versiegen bringt.

Die *Kröte,* die durch solch emotionale Ausbeutung und emotionalen Missbrauch entstanden ist, behindert die freie Entfaltung der Persönlichkeit. Betroffene kennen ihre wahren Bedürfnisse nicht wirklich und können sich nicht selbst lieben. Sie lernen oft nicht, sich gegen unberechtigte Forderungen zur Wehr zu setzen, sich abzugrenzen, nein zu sagen und selbstbestimmt zu leben. Aufkommende Wut richten sie in destruktiver Weise gegen die eigene Person. Die *Kröte* töten bedeutet demzufolge auch, Defizite in der

Persönlichkeitsentwicklung zu erkennen und an deren Auflösung zu arbeiten.

Sexueller Missbrauch
Frau F. erklärte, dass sie ihre Kröte *in dem sexuellen Missbrauch durch ihren Vater erkennt. Wie von einem Schatten fühle sie sich von den Vorfällen verfolgt, die sie während der Zeit zwischen ihrem achten und zwölften Lebensjahr erleben musste. Immer wieder kam es zu sexuellen Übergriffen durch ihren Vater. Nachhaltig wurde ihr die Lebensfreude, insbesondere die Freude an ihrem Körper und an Sexualität, genommen. Sie litt unter verschiedenen psychosomatischen Erkrankungen, Partnerschaften scheiterten an ihrer Unfähigkeit, sich ungezwungen auf Beziehung und Sexualität einzulassen. Die Bilder des Missbrauchs holten sie immer wieder ein.*

In der Psychotherapie arbeitete Frau F. an der Auflösung der Opferidentität, lernte, sich zu wehren, Grenzen zu setzen und für ihre Bedürfnisse einzutreten. Für ihre Sexualität übernahm sie die Verantwortung, indem sie zunehmend an einer Entängstigung arbeitete. Von großer Bedeutung war, dass sie sich selbst in die Pflicht nahm und die Verantwortung für den Missbrauch, der an ihr begangen wurde, übernahm. Dies erscheint zunächst paradox, ist es jedoch durchaus nicht. Frau F. machte sich klar, dass die Schuld bei ihrem Vater lag, der sie sexuell ausgebeutet hatte. Für alles, was einem Menschen im Leben zustößt, muss er als Erwachsener jedoch selbst die Verantwortung übernehmen. Um mit Lebensfreude weiterleben zu können, muss er dafür sorgen, dass die Folgen, und seien sie noch so unangenehm und schwierig, möglichst vollkommen beseitigt werden. Wer sonst sollte dies tun können außer er selbst? Die Hoffnung, dass die Lösung von außen kommen würde, ist immer unrealistisch. Auch wenn der Vater von Frau F. sein Vergehen einsehen und um Verzeihung bitten würde (was er nie tat!), blieben die Folgen des Missbrauchs bestehen und müssten bearbeitet werden.[5]

Viele psychische Störungen haben ihre Ursache in einer mehr oder weniger deutlichen Form der Selbstverneinung. Verena Kast stellt sehr richtig fest, dass kein Mensch gefragt worden sei, ob er geboren werden wolle. Für die seelische Gesundheit sei es jedoch entscheidend, dass er nachträglich sein eigenes Leben bejahe.

Die Sündenbockrolle

Frau W. meinte, als sie sich mit ihrer inneren Kröte auseinander setzte, dass diese ganz besonders giftig sei. - *Tatsächlich gehören bestimmte Krötenarten zu den giftigsten Tieren überhaupt! Als siebtes Kind in der Familie fühlte Frau W. sich unerwünscht oder nur geduldet. Besonders die kränkliche Mutter gab ihr häufig das Gefühl, an ihrem Leid schuld zu sein. Sätze wie: »Siehst du, was du angerichtet hast?«, oder: »Dass Mutter wieder ins Krankenhaus musste, ist deine Schuld!«, hörte sie immer wieder.*

Frau W. wurde die Schuld für das Leid in der Familie zugewiesen. Sie geriet in die Rolle des Sündenbocks. Ihre Eltern übertrugen ihre Wut und Enttäuschung über die unseligen Zustände auf das Kind.

Wo dies geschieht, wird die Persönlichkeit des Kindes zerbrochen, es fühlt sich nicht nur unerwünscht, sondern auch existenziell bedroht. Es wird alles tun, um in dieser terroristischen Welt zu überleben. Schon früh wird es anfangen, für die anderen da zu sein und sich nützlich zu machen, wo es nur kann. Es wird versuchen, die Eltern gnädig zu stimmen, sich zu opfern und die eigenen Bedürfnisse zu verleugnen. Selbstverständlich werden auch bei einem solchen Kind immer wieder vitale Triebe durchbrechen, die in Form von Überreaktionen, Wutausbrüchen den Protest gegen so viel Ungerechtigkeit und Missachtung zum Ausdruck bringen.

Dieses im Grunde gesunde Aufbäumen, welches es auch in der Vergangenheit von Frau W. immer wieder gab, werteten ihre Eltern als Bestätigung ihrer Überzeugung, dass das Unheil in der Familie von der Tochter ausging. Frau W. suchte unbewusst, dem Wiederholungszwang unterworfen, auch in allen weiteren Lebensbereichen die Opferrolle: in ihrer eigenen Familie ebenso wie am Arbeitsplatz. Immer wieder geriet sie in die Sündenbockrolle.

Das Töten dieser giftigen *Kröte* ist schwierig. Es geht darum, zunächst zu erkennen, dass das ständige Sich-Opfern für andere mit dem Hin- und Herrudern des *Fährmanns* vergleichbar ist. Das Problem, das der Selbstablehnung von Frau W. zu Grunde liegt, nämlich die Ablehnung durch die Eltern, ist durch die permanente Aufopferung nicht zu lösen. Solange sie in dieser Art »weiterrudert«, ist keine wirkliche Lösung in Sicht. Selbstliebe kann sie nur entwickeln, wenn sie mit der Jagd nach Anerkennung aufhört. Für Frau W. bedeutete dies, die starken Trauer- und Wutgefühle anzunehmen und im therapeutischen Prozess zu bearbeiten.

Frau W. widmete sich ihrem verletzten inneren Kind und versuchte nun, ihm all die Dinge zu geben, die ihre Eltern nicht in der Lage waren zu vermitteln. Sie machte die Erfahrung, dass ihr Selbsthass (die *Kröte)* sehr schwer zu besiegen war. Immer wieder zogen Groll und negative Gefühle sie in die alten Stimmungen. Sie lernte nur in kleinen Schritten, von anderen etwas anzunehmen. Die tiefen narzisstischen Verletzungen hatten früh zu der Überzeugung geführt, dass sie alles allein schaffen müsse. So fiel es ihr trotz übergroßer Bedürftigkeit schwer, ihre wahre Not zu zeigen und Hilfe anzunehmen. Allmählich gelang es ihr, einigen Mitgliedern der Therapiegruppe gegenüber die starre Fassade aufzugeben und ihr verletzliches Ich zu zeigen. Zunehmend gab es Zeiten, zu denen die *Kröte* getötet schien. Frau W. erlebte ein Gefühl der Befreiung und Erlösung. Dann brachen die negativen alten Grollgefühle wieder durch, und Frau W. hatte den Eindruck, nichts erreicht zu haben. Die *Kröte* war noch immer lebendig! Entscheidend war, dass Frau W. immer von neuem ihre Energie darauf richtete, die *Kröte* zu töten, indem sie Kontakt mit ihrer *Glückshaut* aufnahm.

Dabei wurde ihr die zerstörerische Energie der *Maus* bewusst. Sie entdeckte ihre extreme Angst vor Kränkung und Ablehnung und auch ihre unbewusste Angst vor Glück. Sie entdeckte tief verwurzelte Programmierungen wie: *ich habe kein Recht auf Freude und Glück; ich muss mich für Anerkennung opfern, ohne wirklich belohnt zu werden; ich bin minderwertig,* und konnte sie allmählich durch positive ersetzen.

Körperliche Gewalt

Die Therapie von Herrn C. war schon fortgeschritten, als er sich seiner Kröte *bewusst wurde: Er erinnerte sich daran, dass er von seinem Vater oft extrem gezüchtigt worden war. Die Mutter habe immer versucht, den Vater zu beruhigen, dies habe aber nur dazu geführt, dass der Vater noch wütender wurde. Einmal musste Herr C. ins Krankenhaus, weil seine Hand gebrochen war, öfter habe er nach den Misshandlungen nicht mehr sitzen können.*

Herr C. macht im Kontakt einen freundlichen Eindruck. Er sagt jedoch, dass er mitunter sehr jähzornig werden könne. Mitunter verliere er die Kontrolle über seine Aggressionen. Manchmal genügten geringfügige Anlässe, um ihn zu extremen Reaktionen zu verleiten. Dann habe er Angst, etwas Schlimmes zu tun, jemanden zu verletzen oder sogar umzubringen.

Die Misshandlungen des Vaters hatten bei Herrn C. tiefe Wunden hinterlassen, die nicht heilen konnten, bevor die unmenschlichen Demütigungen verstanden worden waren. Ein Kind, das geschlagen wird, hat intensiven Kontakt zu seinem Peiniger. Verstand und Wahrnehmung sind in der Gefahrensituation »überwach«. Wut und Hass des Aggressors gehen ein in die Seele – werden förmlich hineingeprügelt. Der Hass des Peinigers wird zum Selbsthass. Kinder hassen sich selbst dafür, dass Eltern sie prügeln. Ihre Ohnmacht, das Gefühl tiefster Wertlosigkeit, können sie nicht verarbeiten. Etwas in ihrer Persönlichkeit ist wie zerbrochen. *Man hat ihm das Kreuz gebrochen,* sagt der Volksmund und meint damit, dass jemand Mühe hat, sich durchzusetzen und kraftvoll seine Ziele zu verfolgen.

Wenn der Terror zu extrem wird, spalten Kinder sich von der Realität ab. Sie *dissoziieren,* das heißt, sie trennen sich von den Geschehnissen, werden gleichgültig und provozieren damit noch stärkere Gewalttätigkeit. Fortan werden die Ereignisse in der Seele ein Eigenleben führen.

Die Therapie dieser tiefen Störung ist ähnlich schwierig wie die der sexuellen Traumatisierung. Bewährt haben sich unter anderem Körpertherapien und holotropes Atmen.

Übernahme der Angst des Vaters

Als kleines Mädchen tollte und tobte mein Vater mit mir, sagt Frau S. Als ich älter wurde, nahm er mir gegenüber eine ablehnende Haltung ein. Ich suchte seine Nähe, wurde aber zurückgewiesen. Verstanden habe ich das nie, ich weiß nur, dass ich sehr enttäuscht war.

Die Erfahrungen von Frau S. stehen für die Erfahrung vieler und sind in der Therapie häufig anzutreffen. Zweifel am eigenen Wert entstehen oft durch versteckte Ängste der Eltern.

Leider geschieht es häufig, dass Väter die Grenzen ihrer Töchter verletzen und es zum sexuellen Missbrauch, zum Inzest kommt. Für viele Frauen führt dies zu einem leidvollen Dasein. Jedoch kann die Angst vor der eigenen Erotik und der Erotik der Tochter Väter auch dazu bringen, die Tochter zurückzuweisen. Hinter der schroffen Zurückweisung verbirgt sich häufig Angst vor deren reifer werdenden Sexualität. Der Vater will seiner Tochter nicht zu nahe treten und vermeidet jeden Körperkontakt. Die Tochter, die sich nach den liebevollen Berührungen durch den Vater sehnt, wird verletzt. Sie fühlt sich als Person zurückgewiesen und abgelehnt. Das Selbstwertgefühl, das sich in der schwierigen Übergangsphase, der Pubertät, verstärkt entwickeln soll, wird eventuell nachhaltig gekränkt: Da die Tochter die Reaktion des Vaters, den sie liebt, nicht versteht oder verstehen kann, wird sie verunsichert. Sie sucht die Gründe bei sich selbst und überlegt, was an ihr nicht richtig sei.

Über sexuelle Ängste zu reden ist vielen nicht möglich, und die Verletzung wird zur *Kröte,* die gut versteckt das Fließen des Brunnens verhindert. Der innere Bruch der Beziehung zwischen Vater und

Tochter hat Auswirkungen auf die Beziehungen der Tochter zu Partnern. Im Falle von Frau S. wiederholte sich das Drama, insofern sie unbewusst ungeeignete Partner suchte und solche auch mit traumwandlerischer Sicherheit fand. Sie erlebte erneute Zurückweisung, wie sehr sie sich auch nach dem Partner sehnte, der ihr endlich die dauerhafte Zuneigung zuteil werden ließ, die sie bei ihrem Vater so schmerzlich vermissen musste. Frau S. wurde in Beziehungen immer wieder ausgenutzt; auch in mitunter extrem destruktiven Beziehungen gelang es ihr kaum, sich aus den Abhängigkeiten zu lösen. Meist waren es die Partner, die sie wegen einer anderen Frau verließen.

Nachdem Frau S. ihre *Kröte* erkannt hatte, setzte sie sich mit der Beziehung zu ihrem Vater auseinander. Während dieser Zeit lehnte sie Beziehungsangebote verschiedener Partner ab, weil sie eine Wiederholung der alten Beziehungsstrukturen befürchtete. Frau S. fand Zugang zu dem Schmerz, der durch die Zurückweisung durch den Vater entstanden war. Allmählich wurde sie mit ihrer *Kröte* besser vertraut und lernte die Schwierigkeiten ihres Vaters verstehen.

Es galt nun, die Auswirkungen der entstandenen Verletzungen zu bearbeiten. Vor allem waren Selbstwertgefühl, Selbstsicherheit, Durchsetzungsfähigkeit und ihre Identität als Frau betroffen. Frau S. entdeckte dabei ihre tiefe Angst vor Zurückweisung als ihre *Maus,* die es ebenfalls zu töten galt.

Die Bilder des Märchens, die Schritt für Schritt den Weg beschreiben, den es zu gehen gilt, boten Frau S. Orientierung. Nachdem sie aufhören konnte, in Beziehungen das alte Muster zu wiederholen, war der *Fährmann* vom sinnlosen Hin- und Herrudern erlöst.

Bei der weiteren Beschäftigung mit der Angst stellte sie fest, dass viele Mäuse zu töten waren. Viel zu sehr war sie in der Vergangenheit Konflikten ausgewichen. Mithilfe der therapeutischen Gemeinschaft lernte sie immer besser, auf ihre Ängste zuzugehen, sich zu wehren und ihre Bedürfnisse durchzusetzen. Sie beherzigte den Leitsatz: *Wo die Angst ist, ist der Weg.*

Ihr verbessertes Selbstvertrauen stärkte ihre Fähigkeit, sich selbst zu lieben. Die *Kröte* töten bedeutete, auf jede Form der Selbstablehnung und Selbstabwertung zu verzichten. Frau S. hatte verstanden, dass es ihrem Vater nicht möglich war, ihr die väterliche Liebe zu geben, die ihr zu einer gesunden Entwicklung verholfen hätte. Trauer und Schmerz darüber wollten zum Ausdruck gebracht, aber auch beendet werden. Der Schritt in die Autonomie war erreicht, als es ihr möglich wurde, sich selbst als liebenswerte Frau zu akzeptieren und dies nicht mehr von der Akzeptanz des Vaters abhängig zu machen.

Neid und Hass der Zukurzgekommenen

Frau F. hasste ihre Schwester, die an ihrem Unglück schuld sei. Schon während der Kindheit habe sie ihr häufig Dinge zerstört, die ihr wichtig waren. Die Eltern hätten nie Partei für sie ergriffen, immer nur für ihre Schwester.

»Sich ungerecht behandelt fühlen« zog sich wie ein roter Faden durch das Leben von Frau F. Im Verlauf der Therapie lernte sie verstehen, dass sie von ihrer Schwester in dem Maße abhängig geblieben war, wie sie Hass gegen sie mobilisierte. Unabhängigkeit konnte sie nur gewinnen, wenn es ihr gelang, den Hass loszulassen.

Frau F. erkannte, wie sehr ihr Selbstwertgefühl gelitten hatte. Um die Abwertungen und Kränkungen auszugleichen, die sie im Elternhaus erfahren hatte, war sie bestrebt, allen zu beweisen, dass sie besser sei als ihre Schwester. Sie sah ein, dass dies eine untaugliche Lösung war, die sie in einen Teufelskreis von zwanghaftem »Leisten- und Beweisenmüssen« gebracht hatte. Hier erkennen wir wieder den Fährmann.

Frau F. fand Zugang zu einer heilsamen Trauer darüber, dass sie von den Eltern offensichtlich weniger, aber auch anders geliebt wurde als ihre Schwester. Ihr Blickwinkel veränderte sich, als sie die Schwierigkeiten ihrer Schwester, die diese auf Grund der Verwöhnung entwickelt hatte, deutlich erkennen konnte. Allmählich gelang es ihr, sich von ihrem Hass zu lösen, und sie fand den Mut, auf ihre

Schwester zuzugehen und ausführlich über die Kindheit zu reden, ohne sie beschuldigen zu müssen. Frau F. übernahm die Verantwortung für ihr Selbstwertgefühl.

Beschämung

Herr K. berichtet in der Therapie über eine Freizeit in einem Landschulheim. Er sei damals deutlich kleiner gewesen als seine Altersgenossen. Seine Mutter habe ihm einen Schlafanzug mitgegeben, der mit kindlichen Motiven bedruckt und seinem Alter völlig unangemessen war. Abends beim Umziehen hätten sich die anderen Jungen halb totgelacht, aus allen anderen Schlafräumen die Mitschüler zusammengerufen, ein regelrechtes Kesseltreiben veranstaltet und ihm schließlich den Schlafanzug ausgezogen. Die Scham über diesen Vorfall habe er nie vergessen oder überwinden können.

Frau A. beschreibt den sexuellen Missbrauch, den ihr Großvater an ihr beging. Die Scham über diese Ereignisse verfolge sie auch nach dreißig Jahren bis in ihre Träume.

Herr S. ist homosexuell und wuchs in einer dörflichen Umgebung auf. Man habe ihm seine Veranlagung schon als Jugendlicher angemerkt und entsprechende Hänseleien seinen täglich üblich gewesen. Besonders sein Vater habe sich seinetwegen geschämt und den Kontakt zu ihm gemieden.

Frau P. berichtet von Szenen in ihrer Familie, die durch ihren suchtkranken Vater verursacht werden. Dieser erschien einmal völlig betrunken auf einer Geburtstagsparty, zu der sie ihre Freundinnen eingeladen hatte. Das Verhalten des Vaters sei so abscheulich gewesen, dass die Gäste fluchtartig die Wohnung verließen. Frau P. berichtet weiter, dass sie daraufhin den Kontakt zu ihren Freundinnen einstellte.

Massive Beschämungen, wie sie in den Beispielen aufgezeigt wurden, können giftige *Kröten* sein, die nicht so leicht zu töten sind.

Beschämung wird häufig als Erziehungsmittel eingesetzt, etwa bei der Sauberkeitserziehung. Die frühen Wunden in der Seele kleiner Kinder, die etwas leisten sollen, wozu sie noch nicht in der Lage sind, werden nach und nach verdrängt, behalten aber ihre nachteilige Wirkung auf das Selbstwertgefühl. Eltern sollten ihren Kindern bei der Bewältigung von Kränkungen und Schamgefühlen helfen. Dabei geht es nicht darum, diese Gefühle zu vermeiden, sondern sie realistisch zu verarbeiten.

Bei der Suche nach der *Kröte* sollten Schamgefühle besonders ernst genommen und gründlich bearbeitet werden. In den oben geschilderten Beispielen war es bereits eine kleine Entlastung, dass die Patienten erstmals in einer Gruppe über ihre Scham reden konnten. Auf Seite 143 f. wird eine Übung beschrieben, die wirksam bei der Bewältigung von Schamgefühlen eingesetzt werden kann.

Das Dramadreieck

Anhand von Beispielen aus der therapeutischen Arbeit mit unserem Märchen habe ich aufgezeigt, was es heißen kann, die eigene *Kröte* zu entdecken und zu töten. Wer sich auf die Suche nach seiner persönlichen *Kröte* begeben möchte, findet im Modell des Dramadreiecks (Abb. 1) eine hilfreiche Unterstützung. Das leicht verständliche Modell stammt aus der Transaktionsanalyse.

Unter **Antreiber** sind zunächst in unserer Gesellschaft typische Vorgaben zu verstehen wie: *erfolgreich zu sein, einen möglichst hohen sozialen Status zu erwerben und den Eltern damit Freude zu machen.* Von Antreibern bleiben die wenigsten verschont, weil sie für eine Leistungsgesellschaft notwendig sind. Die Frage ist vielmehr, mit welcher Vehemenz, mit welchem Druck Eltern gute oder beste Leistungen erwarten und in welchem Maß sie die Persönlichkeit des Kindes respektieren. Antreiber können so hart sein, dass die Persönlichkeit des Kindes darunter zerbricht. Sie sind sehr wirksam, weil die Erfüllung der Vorgaben Anerkennung und Selbstbestätigung verheißt.

Während Antreiber leicht zu erkennen sind, wollen die **Bremser** entdeckt werden, weil sie aus dem Verborgenen wirken. Bei den Bremsern handelt es sich um negative Glaubenssätze aus der Kindheit, die sich im Unbewussten befinden und noch immer wirksam sind. Von ihnen wurde bereits in dem Kapitel über den persönlichen Mythos gesprochen. Solange wir die Bremser nicht kennen, können wir sie nicht verändern.

Nachdem die Funktion von Antreibern und Bremsern nun näher bekannt ist, wird die Dynamik des Dramadreiecks leicht verständlich: Ein Mensch mit einem starken Antreiber strengt sich an, leistet viel, arbeitet hart und versucht etwas zu erreichen. Unvermeidlich

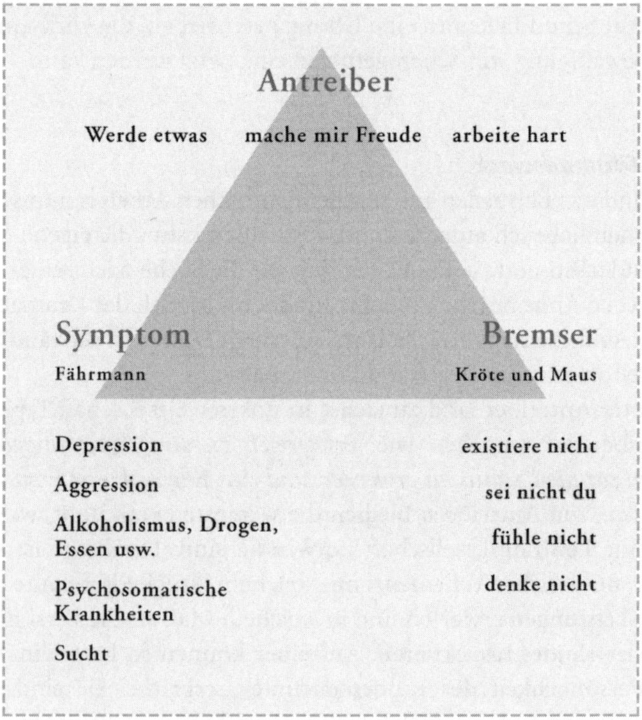

Abb. 1: Das Dramadreieck

wird er mehr oder weniger stark auf seine inneren Bremser stoßen. Sind diese sehr wirksam, werden seine Bemühungen quasi sabotiert, und er muss scheitern. Die Folge wird sein, dass er ein **Symptom** entwickelt. Er wird depressiv, aggressiv, entwickelt eine Suchtkrankheit oder eine psychosomatische Erkrankung. Nachdem er eine mehr oder weniger lange Zeit mit dem Symptom beschäftigt war, reißt er sich wieder zusammen, aktiviert seine Antreiber und arbeitet hart, versucht anderen Freude zu machen und wieder gut zu funktionieren ... Selbstverständlich wird er unausweichlich wieder mit seinem Bremser konfrontiert. Das Drama setzt sich fort, bis der Teufelskreis durchbrochen wird.

Offensichtlich geht es bei der Bearbeitung des Bremsers um die innere *Kröte* und die innere *Maus*, die es zu töten gilt.

»Existiere nicht!« Der härteste Bremser heißt »*Existiere nicht!*« Diesen tragen Menschen mehr oder weniger stark in sich, wenn sie von ihren Eltern unerwünscht waren. Längst nicht alle Kinder sind erwünscht, und Kinder mit diesem Schicksal haben früh eine tiefe Kränkung ihres Selbstwertgefühls ertragen müssen. Häufig war das Milieu chaotisch und die Eltern, besonders die Mutter, auf die ein Kind ja besonders angewiesen ist, konnte(n) keinen Halt vermitteln. Daher fehlt diesen Menschen vor allem *Urvertrauen*, sodass Misstrauen ihr ständiger Begleiter ist. Oft entwickeln sie ein so genanntes Borderline-Syndrom. Diese Störung ist durch ein inneres Chaos in Verbindung mit starken Wut- und Angstgefühlen gekennzeichnet.[6] Ständig sorgen sie für Unruhe und Streit. Der Bremser »*Existiere nicht!*« ist wie ein dunkler Schatten, der sich über alle Lebensbereiche legt. In engen Beziehungen wird er sich unvermeidbar bemerkbar machen, weil diese Menschen die vermisste elterliche Liebe nun vom Partner fordern.

Wer Gelegenheit hat, diese Menschen über einen längeren Zeitraum zu beobachten, wird bemerken, dass sie andere stets gegen sich aufbringen. In der therapeutischen Gemeinschaft geraten sie in die Rolle des Sündenbocks oder provozieren Ärger. Unbewusst stellen sie überall die Situation *nicht erwünscht* zu sein wieder her.

»Sei nicht du!« Der Bremser *»Sei nicht du!«* ist ebenfalls schon in der frühen Kindheit entstanden. Dieser Bremser entsteht immer, wenn Eltern das Kind nicht so annehmen konnten, wie es war, sondern quasi mit Gewalt in seine Persönlichkeit eingriffen. Möglicherweise war das Kind erwünscht, aber es entsprach nicht den Erwartungen. Nicht selten geschieht es, dass Kinder, um großen Erwartungen der Eltern zu entsprechen, viel zu früh gefordert werden. Das führt meist zu einer Störung in der Identitätsentwicklung. Betroffene haben das unterschwellige Gefühl, nicht richtig, vielleicht nicht völlig falsch, aber irgendwie doch nicht in Ordnung zu sein.

Der Bremser *»Sei nicht du!«* entsteht, wenn ein Kind in ein elterliches Zwangssystem *eingesperrt* wird.[7] Ein Mensch kann nur *gelassen werden*, wenn *er gelassen wurde.*

»Fühle nicht!« Manche Kinder müssen früh den Raub ihrer Gefühle ertragen, diese sind dann wie verloren. Hier erkennen wir den Bremser *»Fühle nicht!«*. Ein Kind opfert beispielsweise Wut und Ärger, um die Eltern nicht zu enttäuschen oder weil es scharfe Zurückweisung fürchtet. Die Gefühle werden blockiert, weil das Ausleben gefährlich wäre.

Ein Seismograf, ein Erdbebenmessgerät, nimmt auch geringste Schwingungen der Erdoberfläche wahr, ebenso empfindlich sind Kinder in der Wahrnehmung der Reaktionen ihrer Eltern. Sie wollen in der Liebe der Eltern bleiben und opfern hierfür nicht nur Teile ihrer Persönlichkeit, sondern auch die Gefühle, die bei den Eltern nicht erwünscht sind. Ein Junge soll keine Angst haben, dieses Gefühl passt nicht in das Bild von einem Mann; dass Mädchen aggressiv und wütend werden, entspricht nicht dem Ideal eines stets freundlichen, angepassten weiblichen Wesens ... Wenn Kinder in starkem Maße gezwungen wurden, ihre Emotionen zu opfern, wird dies als *emotionaler Missbrauch* bezeichnet. Davon war bereits die

Rede, und wegen seiner Bedeutung werde ich noch ausführlicher darauf zurückkommen.

»Denke nicht!« Emotional missbrauchte Kinder mussten meist auch ihr Denken auf die Bedürfnisse eines Elternteils abstimmen. Der Bremser »*Denke nicht!*« entsteht dadurch, dass bestimmte Inhalte, Fakten oder Einzelheiten davon nicht gedacht werden dürfen. Es handelt sich bei diesem Bremser häufig um strenge moralische Vorschriften, die Schuldgefühle erzeugen, wenn sie nicht eingehalten werden. Er blockiert meist die Autonomieentwicklung.

Menschen, die diesen Bremser in sich tragen, wissen oft nicht, was sie wirklich wollen. Sie fragen viele um Rat und erwarten, dass ihnen Lösungen präsentiert werden. Sie trauen sich nicht, selbst zu entscheiden, da sie sich hierfür zu unsicher fühlen. Wir erkennen die versteckte Angst *(Maus)* vor Unabhängigkeit.

Die Familien-Perspektive

Auf der Suche nach der eigenen *Kröte* ist es sinnvoll zu erforschen, woher die Herkunftsfamilie ihr Selbstbewusstsein bezogen hat. Untersuchungen haben gezeigt, dass bestimmte prägende Verhaltensweisen von einer Generation an die nächste weitergegeben werden, man nennt dies *soziale Vererbung.* Drei Bereiche sind von besonderer Bedeutung: die Gewichtung von Leistung, der Umgang mit Körper und Sexualität sowie die Grundstimmung in der Familie.

Leistung Um zu verstehen, welchen Stellenwert die Leistung in der Familie hatte, sind vor allem folgende Fragen zu überlegen:

- Welchen Stellenwert hatten Schulnoten, beruflicher Erfolg?

- Wie sehr wurde gelobt oder abgewertet?

- Leiden oder litten Eltern und Geschwister oder andere nahe stehende Familienmitglieder an Minderwertigkeitsgefühlen auf Grund mangelnder Anerkennung, Leistung, beruflicher Perspektiven oder Chancen?

- Wie sehr wurde in der Familie der Wert eines Menschen nach seiner Leistung, seinem Status, seiner Herkunft beurteilt?

- Wie viel davon wurde in das eigene Glaubenssystem übernommen und wirkt sich hier prägend aus?

Kinder orientieren sich stark an den Erwartungen der Eltern, denn nichts beglückt sie mehr als elterliches Lob. Auf der Bejahung durch die Eltern bauen sie ihr Selbstwertgefühl auf. Gelingt es ihnen nicht, den elterlichen Erwartungen gerecht zu werden, bleibt eine tiefe innere Verletzung, die lange nachwirkt. Die Vorhaltungen, Abwertungen, offenen und versteckten Verurteilungen der Eltern lösen Traurigkeit und nicht selten Selbsthass aus. Sie schädigen das Selbstwertgefühl des Kindes und führen dazu, dass es sich ständig abwertet. Innere Glaubenssätze *(Kröten)* wie: *ich bin ein Versager; ich schaffe das nicht; ich muss mich noch mehr anstrengen, dann schaffe ich es; es hat keinen Sinn, mich einzusetzen* ... haben hier ihre Wurzeln. Viele Menschen bleiben darauf fixiert, weil es ihnen nicht gelingt, sich von den elterlichen Erwartungen zu lösen. Sie versuchen entweder mit viel Energie, den Erwartungen (der Eltern, Vorgesetzten, des Partners, der Partnerin ...) doch noch gerecht zu werden (Anpassung), oder sie versuchen unabhängig zu werden, indem sie sich verweigern (durch Trotz).

Trotz ist bekanntlich *die Anpassung an das Gegenteil* und damit ein zum Scheitern verurteilter Versuch, unabhängig zu werden. Auch wenn der Trotzige sich unabhängig fühlt, ist er ein Abhängiger. Wenn jemand A sagt, muss der Trotzige B sagen, und wenn jemand B sagt, muss er A sagen (die Anpassung an das Gegenteil). Vielfach versuchen Betroffene, Unabhängigkeit auf diese Weise zu erreichen. Dabei bemerken sie oft nicht, dass gerade der Trotz sie weiter abhängig hält.

Die unabhängige Variante heißt nicht *reagieren*, sondern *reflektieren: Was will ich mit meinem Leben anfangen? Welches sind meine Aufgaben und Ziele?* Die Meinung der Eltern kann richtig sein, dann sollte man ihnen Recht geben. Die Meinung der Eltern kann falsch sein, dann ist es notwendig, das Leben nach der eigenen Meinung auszurichten. Die *Kröte* zu töten bedeutet hier, frei zu werden von den Erwartungen der Eltern, gegebenenfalls die Verantwortung für die eigene Abhängigkeit zu übernehmen und Selbstliebe zu erlernen.

Körper und Sexualität Die Freude am eigenen Körper und an Sexualität gehört zum erfüllten Leben. Da der Umgang damit von den Eltern vermittelt wird und frühe Prägungen wirksam bleiben, ist es sinnvoll, zu untersuchen, wie die Eltern damit umgehen, und die Werte und moralischen Vorstellungen zu beachten, die die Eltern aus ihrer Kindheit mitgebracht haben. Kaum ein anderer Bereich ist so stark behindert durch moralische Vorgaben und kaum ein anderer Bereich ist für Kränkungen so anfällig wie die Sexualität. Abwertungen können zu lebensbehindernden Blockierungen führen. *Kröte, Maus* und *Fährmann* sind auch in diesem Lebensbereich häufig zu finden.

Minderwertigkeitsgefühle bezüglich der eigenen Sexualität verhindern oder behindern die Selbstliebe entscheidend. Psychologische Untersuchungen haben gezeigt, dass Personen mit einem befriedigenden Sexualleben sich eher als selbstsicher, umgänglich, einsichtig, stark, tüchtig und zufrieden beurteilten. Menschen, die unzufrieden mit ihrem Sexualleben waren, beschrieben sich hingegen erstaunlich häufig als bitter, gehemmt, mutlos, unbefriedigt, misstrauisch, pedantisch, unreif, voreingenommen und schlecht gelaunt.

Die Sexualität verbindet sich unvermeidbar mit den Problemen, die jemand in Beziehungen hat. Ein Partner, der sich unterlegen fühlt, erlebt Sexualität, besonders wenn die Beziehung enger wird, nicht mehr unbeschwert, weil er beispielsweise befürchtet, sich durch Hingabe an den Partner noch mehr selbst zu verlieren und noch abhängiger zu werden. Vorlieben oder Wünsche werden aus Angst nicht geäußert. Aber oft verhindern Schamgefühle, die Möglichkeiten von Sexualberatung oder Sexualtherapie in Anspruch zu nehmen.

Ähnliches gilt für den Umgang mit dem eigenen Körper. Geeignete Überlegungen sind:

- Welche Rolle spielten Schönheit, gutes Aussehen, ein perfekter Körper in der Familie?
- Wie sehr wurde das Selbstwertgefühl, insbesondere bei Mädchen, damit in Verbindung gebracht?
- Welche Bedeutung wird dem Älterwerden beigemessen?
- Wie geht man in der Familie mit Zeichen des körperlichen Verfalls um?

Körperliche Bewegung und Anstrengung tragen zur Gesunderhaltung des Körpers bei. Doch wenn der Körper zum Statussymbol wird, die Aufmerksamkeit sich hauptsächlich auf ein perfektes Äußeres konzentriert, bekommt Körpertraining leicht Sucht-Charakter. Bei exzessivem Training, etwa in einem Fitnesszentrum, wird der Botenstoff Endorphin (unser körpereigenes Morphium) freigesetzt. Der *Kick*, den sich der extrem Trainierende so verschafft, soll gegen Depression, innere Leere, Sinnlosigkeitsgefühle, gegen Frust in Beziehung und Job wirken. Wird das exzessive Training unterbrochen, stellen sich als *Entzugserscheinungen* depressive Verstimmungszustände ein. Die Gefahr besteht, dass körperfremde Drogen an die Stelle des Endorphins treten: Alkohol, stimmungsverändernde Medikamente, insbesondere Aufputschmittel.

Die Grundstimmung in der Familie Jede Familie hat ihr eigenes Selbstgefühl, an dem alle Mitglieder – allerdings auf unterschiedliche Weise – teilhaben. Hier geht es um Fragen wie: *War die Stimmung gedrückt oder vorwiegend heiter? Wurde viel gelacht, gab es ausgelassene Freude?*

Wenn es darum geht, die eigene Stimmung zu ergründen, ist es wichtig, das emotionale Klima in der Familie zu verstehen. Wie sehr hat zum Beispiel die Depression eines Familienmitglieds auf die eigene Stimmung Einfluss genommen, und bestimmt sie weiterhin das Lebensgefühl? Krankheiten, Schicksalsschläge, Familiendramen können das Grundgefühl aller maßgeblich beeinflussen. Leid kann, wie schon erwähnt, als Terror benutzt werden. Ist ein Elternteil oder auch ein Geschwisterteil chronisch krank, wird das Grundgefühl in der Familie hiervon maßgeblich bestimmt. Wie soll ein Kind ausgelassen sein, toben und laut sein dürfen, wenn dies dem schwer kranken Vater schadet oder die Nerven der durch die Betreuung eines behinderten Kindes überlasteten Mutter zu sehr strapaziert? Es wird Schuldgefühle entwickeln und von der allgemeinen Depression der Familienmitglieder angesteckt werden. So wird manchen Kindern die Lebensfreude schon früh genommen.

Die soziale Vererbung Im folgenden Beispiel werden die Spuren sozialer Vererbung deutlich. Gut sind auch die zentralen Bilder des Märchens, *Kröte*, *Maus* und Fährmann, zu erkennen:

Frau S. geriet immer wieder in Beziehungen mit Männern, die sie misshandelten. In der Therapie stellte sie die Frage, warum das immer wieder geschehe, obwohl sie alles tue, um dies zu verhindern. Die Ursachen fanden sich in der Kindheit. Zunächst berichtete Frau S., dass sie als Kind von der Mutter häufig geschlagen wurde. Sie sei auch für kleine Vergehen oder Fehler gezüchtigt worden. Die Mutter habe des Öfteren die Kontrolle über ihre Wut verloren und völlig unmäßig auf sie eingeschlagen. Sie selbst habe die Mutter häufig damit provoziert, dass sie keinerlei Schmerzreaktionen zeigte, nach der Maxime: Egal, wenn du mich totschlägst! Dafür, dass sie von der Mutter misshandelt wurde, habe sie nicht nur sie gehasst, sondern auch sich selbst. Sie hatte sich, ohne dass ihr dies bewusst war, mit dem Hass der Mutter identifiziert.

Die Ehe der Eltern sei schlecht gewesen und von vielen Streitigkeiten gekennzeichnet. Der Vater, wegen der Schichtarbeit häufig abwesend, habe sie sehr geliebt. Intuitiv habe sie gespürt, dass die Mutter eifersüchtig auf sie war. Immer wenn der Vater sich freundlich zu ihr zeigte, habe die Mutter einen Anlass gesucht, sie zu strafen oder zu schlagen.

Es wird deutlich, dass Frau S. ein extrem gespaltenes Elternbild hatte. Während sie starke Wut und Hassgefühle gegenüber der Mutter hegte, idealisierte sie ihren Vater. Sie stellte ihn auf einen Sockel und war ihm gegenüber völlig unkritisch. So war auch die Partnerwahl davon gekennzeichnet, dass sie unkritisch Beziehungen einging.

Auch die Mehrgenerationenperspektive war bedeutsam. Frau S. konnte deutliche Parallelen im Schicksal ihrer Mutter erkennen. Sie wusste, dass diese in ähnlicher Weise und auch durch ihre Mutter misshandelt worden war. Auch sie hatte Liebe immer nur von ihrem Vater erfahren. Frau S. erarbeitete sich ein gewisses Verständnis für die Probleme ihrer Mutter, die ihren Selbsthass auf die Tochter projizieren musste.

Frau S. hatte eine enge Beziehung zu ihrem Sohn, an dem sie in abgöttischer Liebe hing. Während der Therapie wurde ihr bewusst, dass er ihr als Partnerersatz galt. Dies erschreckte sie zunächst, führte jedoch zu einer Klärung und Veränderung der Beziehung. Sie erkannte auch deutlicher als zuvor, dass die Eifersucht auf diese Beziehung der Grund für die Gewalttätigkeiten war und dass sie selbst diese Aggressionen provoziert hatte.

Das gespaltene Elternbild

In verschiedenen Beispielen wurde bereits deutlich, dass Kinder in eine Partnerersatzrolle geraten. Dies ist eine sehr häufige und verbreitete Form von emotionalem Missbrauch. Wie sehr dadurch das Selbstwertgefühl und die Selbstliebe beeinträchtigt werden, ist Betroffenen vielfach nicht bewusst. Tatsächlich verbirgt sich hier eine – mehr oder weniger giftige – *Kröte,* die es zu töten gilt.

Gesunde Entwicklungsbedingungen Eltern stehen als Partner in einer engen Beziehung zueinander und gleichzeitig als Vater und Mutter in einer ebenfalls engen, jedoch andersartigen Beziehung zu ihrem Kind (Abb. 2). Dieses muss akzeptieren lernen, dass die Eltern

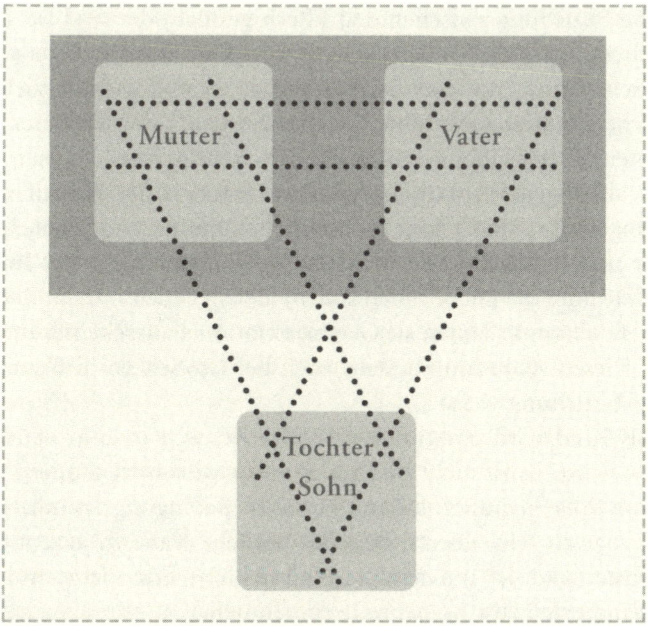

Abb. 2: Mutter und Vater stehen in einer ausreichend guten Beziehung zueinander und haben ebenfalls eine positive Beziehung zu ihrem Kind.

sich erotisch nähern und es selbst davon ausgeschlossen ist. Die Eltern stehen gemeinsam ihrem Kind gegenüber mit dem Ziel, es in die Unabhängigkeit zu begleiten. Wichtig für seine seelische Entwicklung ist, dass sich beide einig sind in ihrer Erziehungshaltung. Ehepaare, die eine befriedigende Beziehung zu sich selbst und miteinander haben, können ihr Kind in der Regel gut erwachsen werden lassen und stehen seinem Wunsch nach Selbstständigkeit positiv gegenüber. Solche Eltern vermögen die Lücke, die das erwachsen gewordene Kind in der Familie hinterlässt, zu schließen. Hilfreich sind ein stabiler Freundeskreis und persönliche Interessen.

Das Kind als Partnerersatz – eine Form emotionaler Ausbeutung
Ist die Beziehung zwischen den Eltern gestört oder sind sie allein erziehend, geraten Kinder leicht in die Rolle des Partnerersatzes. Typischerweise entwickelt sich eine enge, symbiotische Beziehung zwischen Mutter und Sohn beziehungsweise zwischen Vater und Tochter. (Unter einer symbiotischen Beziehung versteht man eine enge, abhängige Verbindung zwischen Personen, die sehr aufeinander angewiesen sind.) Aber auch zwischen Mutter und Tochter oder Vater und Sohn kann es zu engen Koalitionen kommen. Immer wenn Kinder die Lücke füllen sollen, die eigentlich nur ein Partner schließen könnte, laufen sie Gefahr, emotional ausgebeutet zu werden. Diese Gefährdung besteht auch bei Großeltern in Bezug auf Enkel beziehungsweise Enkelin.

Das Kind wird emotional missbraucht, weil es zum »Lückenfüller« wird. Es ist nicht um seiner selbst willen da, sondern wird in eine Rolle gedrängt, die mit gewissen Bedingungen einhergeht: verfügbar zu sein, übertriebene körperliche Nähe zu akzeptieren, zu trösten und sich um den Elternteil zu kümmern. Viel zu früh soll das Kind eine Erwachsenenrolle einnehmen.

Bei Menschen, die Kinder emotional ausbeuten, finden wir meist mehrere der folgenden Merkmale:

- Mangel an Eigenständigkeit;
- Unfähigkeit zu partnerschaftlicher Liebe;
- Unfähigkeit, allein zu sein;
- Unfähigkeit, sich aus einer unbefriedigenden Beziehung zu lösen;
- Unfähigkeit, freundschaftliche Beziehungen und eigene Interessen zu pflegen;
- Unfähigkeit, dem Leben einen eigenen Sinn zu geben;
- Gefühl, vom Leben betrogen zu sein;
- Missbrauchserfahrung in der eigenen Kindheit.

Die Beteiligten bemerken die sich anbahnende unheilvolle Entwicklung meist nicht. Das Kind wird oft mit Zuneigung überhäuft und materiell verwöhnt, ist »erwachsener« Gesprächspartner und fühlt sich in dieser Rolle aufgewertet. Doch es entsteht ein dichtes Netz von Abhängigkeiten und Einschränkungen. Alles, was die enge Beziehung gefährden könnte, wird bewusst und unbewusst von Vater beziehungsweise Mutter unterbunden und bekämpft.

Der Vater wird zum Gegner Die enge Beziehung zwischen Mutter und Sohn – oder auch Mutter und Tochter – bedeutet meist eine Koalition gegen den Vater, auf die dieser mit Eifersucht reagiert (Abb. 3). Während die Mutter ihren Sohn idealisiert, erkennt der Vater überdeutlich, dass die Verwöhnung schadet, und versucht dieser Entwicklung entgegenzuwirken. Er ist daher streng, lässt seinen Sohn spüren, dass er viel zu sehr am *Rockzipfel der Mutter* hängt, dass er kein Mann ist usw. Der Sohn erfährt die Enttäuschung, manchmal den Hass des Vaters und leidet unter den Abwertungen und Härten.

Kinder haben immer das Bedürfnis, von beiden Elternteilen geliebt und anerkannt zu sein. In der hier beschriebenen Beziehung leidet der Sohn darunter, dass er zum Vater keine positive Beziehung herzustellen vermag. Daher kippt die Liebe ins Gegenteil um: Er wird ihn zumindest zeitweise hassen. In der Folge wird er sich noch enger an die Mutter binden und gemeinsam mit ihr gegen den Vater kämpfen. *Das gespaltene Elternbild von der guten Mutter und dem bösen Vater ist entstanden.*

Da er sich nicht mit dem »bösen« Vater identifizieren kann, bleibt seine positive männliche Identität meist unterentwickelt, zumal er sich in der Regel nicht aus der engen Umklammerung seiner Mutter zu lösen weiß. Diese Männer spüren oft eine innere Schwäche oder Haltlosigkeit, die einhergeht mit dem Gefühl, sich nur in ungenügender Weise durchsetzen zu können, *ihren Mann zu stehen.* Häufig versuchen sie mit betont machohaftem Auftreten das innere Defizit zu überspielen.

Die Mutter wird zur Konkurrentin Ähnliche Schwierigkeiten haben Töchter, die in einer viel zu engen Bindung zum Vater stehen und sich mit der Eifersucht der Mutter konfrontiert sehen. Der Vater wird idealisiert, die Mutter wird als hart, abwertend und unberechenbar erlebt. Ähnlich wie in Abb. 3 der Vater ausgegrenzt wird, ist jetzt ein Graben zwischen Mutter und Tochter zu erkennen. Der Tochter gelingt es nicht, sich mit der Mutter zu identifizieren und eine sichere weibliche Identität zu entwickeln. Sie fühlt sich in kindlicher Abhängigkeit von ihrem Vater, der sie nicht loslässt, sie verwöhnt, alle Probleme für sie löst und seine dominante Position nicht aufgeben kann.

Sie bleibt das *kleine Töchterlein des Vaters,* auch in späteren Partnerschaften. Eventuell wird sie die »Lolita-Rolle« übernehmen, weil sie in der Beziehung zum Vater vor allem gelernt hat, ihn zu manipulieren.

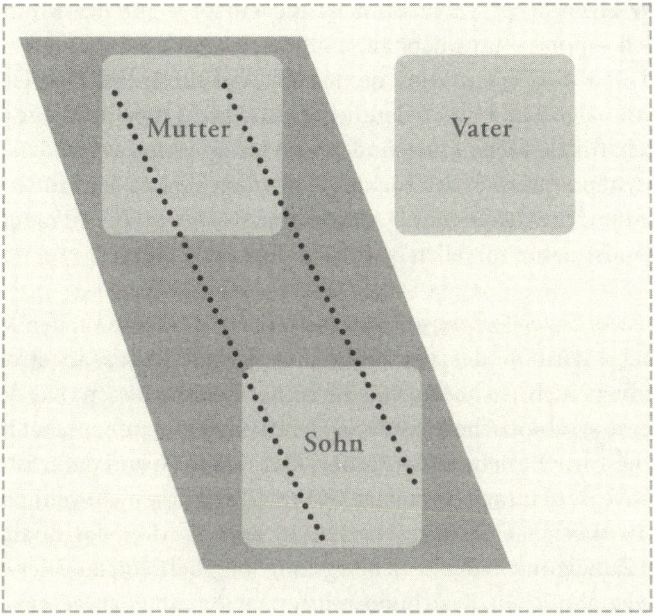

Abb. 3: Der Vater ist ausgegrenzt; zwischen Mutter und Sohn ist eine enge, symbiotische Beziehung entstanden.

Möglicherweise ist der Vater schwach und fühlt sich von der dominanten Ehefrau unterdrückt. Die Tochter versucht ihm zu helfen, indem sie ihn versteht und zu ihm hält. Sie fühlt sich für ihn verantwortlich und übernimmt die Mutterrolle für ihn. Sie wird die Überzeugung gewinnen, für den Vater die bessere Partnerin zu sein als die Mutter, was ihr ein Gefühl von Bedeutung vermittelt.

Die Mutter-Tochter-Symbiose Für Mütter, die unzufrieden mit dem Ehepartner, vielleicht generell von Männern enttäuscht sind (auch vom eigenen Vater), wird die Tochter möglicherweise zur zentralen Bezugsperson. Das Leben der Mutter scheint sich nur noch um die Belange der Tochter zu drehen. In der viel zu engen Beziehung ist oft eine emotionale Vergewaltigung der Tochter zu erkennen.

Ihr eigentlicher Lebenssinn ist die Fürsorge für das Kind, das jedoch schon längst unabhängig und erwachsen sein könnte. Hier wird eine weitere Funktion des Kindes und ein Anlass für weiteren emotionalen Missbrauch deutlich: Es soll nicht nur Ersatz für partnerschaftliche Liebe sein, sondern auch *Lebenssinn vermitteln.* Das Selbstständigwerden der Tochter würde den Verlust der Mutterrolle bedeuten. Dies käme für die Mutter einem *Sturz ins Bodenlose* gleich und muss daher mit allen Mitteln verhindert werden.

Die Vater-Sohn-Symbiose Auch diese Form des emotionalen Missbrauchs wird in der psychotherapeutischen Praxis angetroffen, allerdings nicht so häufig wie die bisher beschriebenen. Der Vater, der eine symbiotische Beziehung zu seinem Sohn aufbaut, hat meist eine gestörte Beziehung zu Frauen. Der tiefere Grund dafür ist eine negative Beziehung zur eigenen Mutter. Da es ihm nicht gelingt, mit der Partnerin herzlich verbunden zu sein, wird er das Bedürfnis nach Zuneigung in der Beziehung zum Sohn befriedigen. Dies führt zu sehr ähnlichen Beziehungsmustern wie bereits aufgezeigt. Oft befinden sich Vater und Sohn in einer Koalition gegen die Ehefrau beziehungsweise die Mutter. Da es dem Sohn nicht gelingt, eine ausreichend positive Beziehung zur Mutter zu entwickeln, bedeutet dies letztlich, dass der emotionale Missbrauch wiederum an die nächste Generation weitergegeben wird. Meist wird der Sohn Frauen abwerten, wie es der Vater getan hat.

Die Unfähigkeit, sich zu lösen Menschen, die emotionalen Missbrauch erleben mussten, indem sie zum Partnerersatz wurden, bleiben innerlich unfrei, denn die früh vermittelte und tief verankerte Botschaft des Elternteils in solchen Beziehungen lautet: *Du schaffst es nicht ohne mich.* Betroffene fühlen sich auch als Erwachsene diesem Elternteil gegenüber meist zugehöriger und verpflichteter als dem eigenen Partner. In ihrem Herzen ist die Stelle, die eigentlich für den Partner reserviert wäre, besetzt, was zwangsläufig zu Problemen in der Partnerschaft führt. Da Liebe und Zuneigung mit dem

Partner nicht dauerhaft geteilt werden können, werden diese Gefühle oft bei den eigenen Kindern gesucht. Die Wahrscheinlichkeit, dass die nächste Generation in gleicher Weise missbraucht wird, ist groß.

Emotionaler Missbrauch verursacht nicht selten lebenslängliche Abhängigkeiten mit massivem emotionalem Leid und psychosomatischen Erkrankungen. Dass es auch nicht eine Frage des Alters ist, sich aus diesen zerstörerischen Umklammerungen zu lösen, zeigte unlängst die zweiundsechzigjährige Frau N., die sich immer noch hart von ihrer achtzigjährigen Mutter tyrannisieren ließ.

Wenn sich jemand aus der elterlichen Umklammerung lösen möchte, kommt es meist zu dramatischen Szenen, etwa, weil der- oder diejenige einen Partner gefunden hat. Das stärkste Mittel, das dem Elternteil zur Verfügung steht, um die abhängige Beziehung aufrechtzuerhalten, ist die Erzeugung von Schuldgefühlen. Diese gilt es im therapeutischen Prozess ganz besonders zu bearbeiten. Oft besteht auch eine finanzielle Abhängigkeit, die es unbedingt aufzulösen gilt. Ohne Partner ist es fast unmöglich, den subtilen Einschränkungen, Einschüchterungen und Fesseln zu entkommen, oft ist das Eingehen einer Partnerschaft daher auch der Versuch, sich aus der Umklammerung zu lösen. Die Partnerschaft wird so zum *Problemlöser!* Meist merken Betroffene nicht, dass sie von einer Abhängigkeit in die nächste geraten.

Emotional missbrauchte Menschen leben häufig in einer ausgesprochenen Opferidentität. Sie sind es gewohnt, für andere da zu sein und sich ausbeuten zu lassen. Sie leiden infolge ihres schwachen Selbstwertgefühls häufig an Schuldgefühlen und mangelndem Durchsetzungsvermögen. Sie können sich nur unzureichend abgrenzen, ungerechtfertigte Erwartungen zurückweisen und eigene Bedürfnisse durchsetzen.

Insbesondere aggressive Gefühle wurden unterdrückt und bleiben oft blockiert. Vielen Betroffenen gelingt es nicht, Ärger angemessen zu äußern. Vielfach besteht auch eine starke Angst davor, Ärger auf sich zu ziehen. Solche Situationen versuchen Betroffene mit allen Mitteln zu verhindern, dies bedeutet fast immer Anpassung um jeden Preis. Sie hassen sich selbst, weil sie wieder und wieder ihre Unfähigkeit verspüren, sich abzugrenzen. Das abhängige Beziehungsmuster, das sich zwischen Kind und Elternteil entwickelte, wird zum generellen Beziehungsmuster; die Abhängigkeit lässt sich in vielen Lebensbereichen wiederfinden.

Durch emotionalen Missbrauch werden viele psychosomatische Krankheiten und Störungen verursacht, insbesondere Suchtkrankheiten und Co-Abhängigkeit. Die Abhängigkeit von einem Suchtmittel weist unmissverständlich auf eine tiefere, seelische Abhängigkeit hin.

Therapie In der Therapie solcher Abhängigkeiten können die Bilder unseres Märchens hilfreich eingesetzt werden und zur Orientierung dienen:

- *Die Kröte* des emotionalen Missbrauchs führt dazu, dass Unselbstständigkeit, Opferidentität und das mangelnde Selbstwertgefühl ein inneres Gefühl der Unfreiheit erzeugen. Der Brunnen ist vergiftet, die Stimmung nachhaltig gestört.

- *Die Maus* entspricht der Angst vor Unabhängigkeit. Wie sich zeigen wird, bedarf es der Entwicklung von Mut, um die *Maus* zu töten, sich aus der Abhängigkeit zu lösen.

- *Den Fährmann finden wir im unsinnigen Handeln.* Betroffene versuchen meist mit ungeeigneten Mitteln, Unabhängigkeit zu erreichen. Die Bearbeitung des emotionalen Missbrauchs beginnt daher mit der Frage nach den Mitteln, die eingesetzt wurden, um die innere Unzufriedenheit und Unfreiheit zu betäuben. Es gilt zu entdecken, welche Betäubungsmittel zwanghaft immer wieder eingesetzt wurden, obwohl sie nicht zur Lösung führten: Konsum, Arbeit, Essen, Suchtmittel. Psychosomatische Erkrankungen wie Migräne, Magengeschwüre, Beschwerden an der Wirbelsäule usw., die als Folge einer dauerhaften Überbelastung der Psyche auftreten, können auch dazu dienen, von der wirklichen Lösung des Problems abzulenken. Psychische Symptome wie beispielsweise ein Wasch- oder Putzzwang sind ebenfalls in diesem Zusammenhang zu sehen. Eine selbstkritische Prüfung der eigenen süchtigen Verhaltensweisen und der psychischen und psychosomatischen Beschwerden macht es möglich, hinter den vordergründigen Verhaltensweisen und Leiden die wahren Probleme zu erkennen.

Zunächst geht es darum, den Teufelskreis aufzulösen. Bei Suchtkrankheiten oder suchtartigen Verhaltensstörungen heißt dies: Abstinenz.

In der Therapie helfen spezielle Techniken wie Psychodrama, Familienkonferenzen, Familientherapie, Rollenspiele, Durchsetzungstraining, Holotropes Atmen und Bioenergetik, die übermäßig starken Bindungen zu durchtrennen und die blockierten Energien zu befreien. Oft ist es für die Betroffenen notwendig, ihr Leben radikal umzustellen und Scheinsicherheiten aufzugeben:

Frau B. trennte sich von ihrer Mutter, die sie Jahrzehnte mit Herzanfällen terrorisiert hatte.

Herr S. zog mit seiner Familie aus dem Haus seiner Mutter aus, obwohl er viel Geld in einen Anbau investiert hatte.

Herr P. traute sich erstmals, seinem Vater zu widersprechen und seine wahre Meinung zu vertreten.

Nachdem Frau W. in der Therapiegruppe darüber gesprochen hatte, wie sehr ihre Mutter sie dominierte, fand sie den Mut, ihr entgegenzutreten.

Die *Maus* der tiefen Angst vor Unabhängigkeit hat oft viele Kinder in Form sozialer Ängste, die den Energiefluss blockieren. Diese verhindern das Ausleben von Gefühlen. Ein Beispiel:

Frau A. hat Angst, ihren Ärger zum Ausdruck zu bringen. Sie bemüht sich in allen Lebenslagen um Harmonie und Einvernehmen. Sie schluckt ihren Ärger hinunter und wehrt sich nicht in genügender Weise. Dadurch treten ihre Bedürfnisse häufig in den Hintergrund. Manchmal leidet sie unter Ängsten vor anderen Menschen, weil sie deren Erwartungen nicht genügen könnte oder weil sie sich ihnen wehrlos ausgeliefert fühlt. Weiter fällt ihr Hang zum Perfektionismus auf, mit dem sie sich selbst und manchmal auch andere terrorisiert. Zeitweise leidet sie unter Migräne. Bei ihren Mitmenschen ist Frau A. meist beliebt und geschätzt, da sie versucht, es allen recht zu machen.

Die *Maus* zu töten ist eine schwierige Aufgabe, bei der man sich Hilfe holen sollte, wenn dies alleine nicht gelingt. Wer gelernt hat, auf die eigenen Ängste zuzugehen, wird allerdings spüren, wie ein positiver Prozess einsetzt, der Selbstvertrauen wachsen lässt. Ängste verlieren ihren Schrecken und verschwinden zunehmend, weil die Betroffenen spüren, dass sie unberechtigt beziehungsweise bewältigbar sind.

Die Kröte haben wir als Bild eines Mangels an Selbstliebe verstanden. Für Menschen, die von emotionalem Missbrauch betroffen sind, ist es von zentraler Bedeutung zu verstehen, dass sie abgestimmten Bedingungen entsprechen oder Erwartungen erfüllen mussten, um sich gut zu fühlen. Als Partnerersatz bekamen sie nur in dieser Rolle Bestätigung und Wertschätzung. Auch wenn der entsprechende Elternteil dies nie zugeben würde, lauten die unterschwelligen, meist unbewussten Botschaften etwa: *Du musst unter allen Umständen zu mir halten; du bist nur eine gute Tochter (ein guter Sohn), wenn du akzeptierst, dass ich der wichtigste Mensch für dich bin/wenn du alles tust, was ich dir sage/wenn du mich nie ver-*

lässt; ich bin dein Vater (deine Mutter), mein Leben ist wichtiger als das deinige, darum ist es selbstverständlich, dass du dich für mich opferst.

Die Grunderfahrung ist: *Ich muss viel tun, um geliebt zu werden.* Wird die Persönlichkeit eines Menschen missachtet, bedeutet dies eine tiefe Kränkung des Selbstwertgefühls. Die Folge ist Wut, die Betroffene nicht äußern dürfen, weil dies massive Nachteile hätte. So sind sie gezwungen, dieses Gefühl zu unterdrücken. Viele lernen früh, ihre Wut zu blockieren, nicht selten so radikal, dass sie selbst glauben, überhaupt keine Wut zu haben. In Wirklichkeit richten sie die Wut jedoch gegen sich selbst, gegen die eigene Persönlichkeit. Sie beginnen, sich selbst zu hassen. Diese Wut, die eigentlich in der Beziehung zu den Eltern hätte geäußert werden müssen, wird zur *Kröte,* welche den Brunnen der Lebensfreude nachhaltig zum Versiegen bringt. Die *Kröte* töten bedeutet an dieser Stelle: Zugang finden zu der unterdrückten Wut mit dem Ziel, sie loszulassen.

Frau A. war sehr aggressionsgehemmt und musste zunächst ihre Wut entdecken, die sie auf die extrem fordernde und missachtende Mutter hatte. In der Therapie lernte sie sich zu wehren und Wut zu zeigen.

Herr K. verspürte fast ständig Wut und Ärgergefühle. Für ihn war es hilfreich, immer wieder über seine Kröte *zu sprechen, über die Verletzungen und Wunden die ihm während seiner Kindheit zugefügt wurden. Allmählich war zu erkennen, wie die* Kröte *kleiner wurde und schließlich verschwand. Als er sich selbst immer besser verstand, gelang es ihm, seinem Vater zu verzeihen und selbst Verantwortung für sein Leben zu übernehmen.*

Im therapeutischen Prozess können Angst und Selbsthass in einem geschützten Rahmen bearbeitet werden. Oft wird die Selbstverachtung bereits dadurch reduziert, dass jemand auf seine Ängste zugeht. Dies verstärkt die Durchsetzungsfähigkeit und die soziale Kompetenz.

Verwöhnung

Als Partnerersatz missbrauchte Menschen erleben nicht selten eine zwiespältige Situation in der Beziehung zu dem Elternteil, mit dem sie sich eng verbunden fühlen. Während sie sich einerseits oft als stark eingeschränkt erleben, weil sie zuständig sind für die Befriedigung bestimmter Bedürfnisse und trösten, helfen, Partei ergreifen. verfügbar sein müssen, werden sie andererseits verwöhnt. Dies kann materiell geschehen in Form von Geld, Geschenken oder/und damit, dass Konflikte, Schwierigkeiten und Frustrationen möglichst ausgeräumt werden. Verwöhnung fördert immer Unselbstständigkeit und hält die Betroffenen in Abhängigkeit. Sie kann auch erfolgen, ohne dass ein Kind die Rolle des Partnerersatzes übernehmen muss. Verwöhnung ist ebenfalls eine Form des emotionalen Missbrauchs, denn sie dient unbewusst immer egoistischen Zielen und befriedigt nicht die wirklichen Bedürfnisse des Kindes. Daher werden auch die Folgen von Verwöhnung zur giftigen *Kröte.*

Verwöhnende Eltern oder Erzieher ahnen nicht, dass sie dem Kind, bildlich ausgedrückt, einen schweren Rucksack mit Problemen mit auf den Lebensweg geben, denn sie überschütten es ja mit Zeichen der »Liebe«. Aber nicht nur die Rolle als Partnerersatz oder eine kalte, aggressive, übermäßig harte oder ablehnende Haltung der Eltern kann die Persönlichkeitsentwicklung behindern und stören, sondern auch eine übermäßig nachgiebige. Die Folgen von Verwöhnung werden allgemein unterschätzt, denn viele psychische Störungen haben hier ihre Ursache. So wie jemand sozial verwahrlosen kann, ist auch emotionale Verwahrlosung durch Verwöhnung möglich.

Frau K. wuchs in einem Geschäftshaushalt auf. Der ältere Bruder war der Liebling der Mutter, sie der Liebling des Vaters. Die enge Bindung an den Vater war von heftiger Verwöhnung begleitet. Er überschüttete sie mit Geschenken und sorgte stets für die Befriedigung all ihrer Bedürfnisse. Von der Mutter fühlte sich Frau K. eher zurückgewiesen. Als der Vater verstarb, konnte sie seinen Tod nicht verwinden. Sie flüchtete in eine Beziehung zu einem Mann, der die Rolle des Vaters übernehmen sollte. Sie suchte Verwöhnung, die zu Beginn der Beziehung seitens des Partners gewährt wurde. Aber er war auch dominant und erwartete Anpassung für seine Leistungen (Verwöhnung). Frau K. fühlte sich in einen Käfig gesperrt und wurde in der Folgezeit häufig depressiv. Wurden ihre Bedürfnisse nicht in angemessener Weise befriedigt, reagierte sie mitunter mit überschäumenden Aggressionen. Beruflich machte sie schnell Karriere und erwarb eine leitende Position. Während sie sich in geschäftlichen Dingen sicher und kompetent fühlte, zeigte sie sich in der Partnerschaft hilflos und ansprüchlich. Emotional war sie nie wirklich satt und glücklich. Sie versuchte, Unzufriedenheit und tiefe Wutgefühle mit Alkohol zu betäuben. Die Folge war eine Suchterkrankung.

In den Beziehungen zu unseren Eltern (oder den Personen, die diese Rolle einnehmen) lernen wir, wie Lieben »funktioniert«. So hatte *Frau K.* die Überzeugung gewonnen, dass die Erfüllung der materiellen Wünsche durch ihren Partner ein Zeichen seiner Liebe sei.

Während der Therapie setzte sich Frau K. intensiv mit ihrem Mythos auseinander. Sie fand wichtige Hinweise auf negative Überzeugungen. Mit der Haltung des Vaters, ihr alle erdenkliche Verwöhnung zu gewähren, war insbesondere die Botschaft verbunden: *Du brauchst mich; alleine kannst du nicht existieren.* Diese Botschaften hatte sie verinnerlicht. Sie waren der Grund, warum sie sich in Partnerschaften abhängig, kindlich und ausgeliefert fühlte und einen mörderischen »Beziehungskrieg« führte.

Die tiefe Überzeugung, nicht allein leben zu können, ist schwierig aufzulösen. Frau K. vermochte die *Kröte* unter dem Stein nur dadurch zu töten, dass sie ihr Drama verstand, an ihrer Unabhängigkeit arbeitete und verzichten und geben lernte.

Verwöhnte Menschen haben während ihrer Kindheit falsche, schädliche Informationen von einem oder mehreren Verwöhnern erhalten (Mutter, Großmutter, Vater, Großvater, Geschwister usw.). In der folgenden Aufzählung von Überzeugungen und Einstellungen können sich Menschen, deren *Kröte* die Verwöhnung ist, wieder finden (nicht alle Merkmale müssen zutreffen). Verwöhnte Menschen

- hatten mitunter mehrere Verwöhner;
- fühlen sich vom Verwöhner abhängig;
- glauben, dass der Verwöhner der wichtigste Mensch ist (wichtiger beispielsweise als der Partner);
- fühlen sich über alles vom Verwöhner geliebt (Affenliebe);
- wenn der Verwöhner stirbt oder ausfällt, geht die Welt unter! So beginnt z. B. eine Suchtkarriere;
- erwarten Verwöhnung in fast allen Lebenslagen;
- suchen sich einen verwöhnenden und/oder einen dominanten Partner;
- stellen sich hilflos und fordern damit andere auf, für sie tätig zu werden;
- sind depressiv, oft niedergedrückt, unzufrieden;
- sind aggressiv fordernd;
- lassen Zielstrebigkeit vermissen;
- haben Verlustängste (der Verwöhner könnte verloren gehen);
- haben mitunter wenig Kraft und Ausdauer;
- haben kein Selbstvertrauen, sondern glauben, das Leben nicht allein meistern zu können;
- lassen vielfach Interesse und Neugier vermissen;
- haben ein schwaches Selbstwertgefühl;
- weichen Konflikten aus;
- können nicht konstruktiv streiten;
- haben Autoritätsprobleme;
- vermeiden Schmerz, Wut, Angst;
- Aggressionen werden passiv-aggressiv ausgelebt (indirekt, z. B. durch Trinken oder Trotz);
- leben oft in Tagträumen;
- sind innerlich mit Neidgefühlen beschäftigt;
- sehen sich in der Opferrolle und haben nicht selten übertriebenes Selbstmitleid;

- fühlen sich häufig als Versager;
- suchen Bedürfnisbefriedigung sofort;
- sind häufig passiv, erwarten Problemlösung von außen;
- haben nur eingeschränkte Fähigkeiten, sich in andere Menschen hineinzufühlen;
- suchen Schuld/Verantwortung immer bei anderen;
- können Kränkungen kaum ertragen;
- können schlecht allein sein;
- sind egoistisch, haben extreme Ansprüche beziehungsweise eine Anspruchshaltung;
- geben oder lehnen Verantwortung gern ab;
- können wichtige Entscheidungen nicht allein treffen;
- sind demzufolge darauf angewiesen, dass andere sagen, was sie tun sollen;
- finden häufig, dass das Leben eine Last ist;
- fühlen sich immer noch als Kind, nicht Mann oder Frau;
- suchen insbesondere, die eigenen Kinder zu verwöhnen;
- haben mitunter Übergewicht, weil sie sich mit Essen trösten;
- wollen nicht reifen und älter werden.

Kinder müssen lernen, mit Frustrationen umzugehen, und eine gewisse »Frustrationstoleranz«, erwerben; durch Frustrationen wachsen seelische »Muskeln«. Das gelingt ihnen auf natürliche Weise, wenn sie weder eine zu harte noch eine zu weiche Erziehung erfahren haben. Wahre Liebe zeigt sich darin, dass Eltern versuchen, dem Kind das zu geben, was es tatsächlich braucht. Verwöhnung geschieht immer aus Egoismus des Erziehers. Nicht das Wohl des Kindes hat er im Auge, sondern seine Sehnsucht, vom Kind geliebt zu werden.

Es bedarf einer selbstkritischen Haltung, um die eigene Verwöhnung zu erkennen; noch viel schwieriger ist es, die Nachteile einer solchen Erziehung zu korrigieren. Es gilt, Abschied zu nehmen vom Traum vom Schlaraffenland, in dem sich die Bedürfnisse von selbst befriedigen, und von der tiefen Sehnsucht, dass man, ohne sich zu verändern, in eine bessere Welt kommt. Betroffene müssen mühsam und schmerzlich erlernen, mit Frustrationen umzugehen, weil die Erzieher es versäumt haben, ihnen die notwendige Unterstützung zu geben, um Frustrationen ertragen zu lernen. Erwachsene, die die Verantwortung für ihre Verwöhnung übernehmen, weil sie sie als Ursache für ihre emotionalen Probleme erkannt haben, arbeiten hart an sich. Sie haben verstanden, dass sie für ihre seelische Gesundung mehr tun müssen als andere, und haben das als ihr Schicksal akzeptiert.

Die folgenden Zeilen von Ralph Waldo Emerson[8] sollten Betroffene immer wieder lesen und neu durchdenken. Sie können innere Kräfte wecken und Energien freisetzen, die Entschiedenheit und Tatkraft fördern:

> »Es kommt in der Erziehung eines jeden Menschen eine Zeit, in der er zur Überzeugung gelangt, dass Neid Unwissenheit ist, dass Nachahmung Selbstmord ist, dass er in Freud und Leid sich als sein Schicksal akzeptieren muss; dass, obgleich das Universum voll von guten Dingen ist, kein einziges nahrhaftes Korn zu ihm kommen kann außer durch seine Arbeit, die er dem Fleckchen Erde widmet, das ihm zur Bearbeitung gegeben ist. Die Kraft, die in ihm wohnt, ist neuer Art, und niemand als er allein weiß, was er zu tun vermag; und auch er weiß es so lange nicht, bis er es ausprobiert hat.«

Verwöhnten Menschen fehlen häufig Strukturen in ihrem Leben. Sie sind daher oft vom bekannten Phänomen der *Sonntagsdepression* betroffen. Diese hat ihre Wurzeln darin, dass der Arbeitsalltag eine bestimmte Struktur vorgibt, die die Psyche stabilisiert. Am Wochenende geht diese Struktur verloren, und wenn innere Strukturen fehlen, folgt der Absturz in depressive Gefühle und innere Leere. Selbsthass, Beziehungslosigkeit, Sinnlosigkeit werden deutlicher gespürt.

Schon mehrmals habe ich darauf hingewiesen, dass es nur möglich ist, die *Kröte* zu töten, wenn man die Verantwortung für sie zu übernehmen bereit ist. Wer die Verantwortung für seine schlechte Stimmung auf andere, zum Beispiel die Eltern, abzuwälzen versucht, befindet sich bereits auf einem falschen Geleise. Ein Aspekt der *Kröte* besteht gerade darin, sich belastender Ereignisse, Kränkungen oder schwerer Verletzungen zu bedienen, um sich sozusagen *herauszureden.* So ungerecht es erscheinen mag: Wer schlimme, belastende Erfahrungen machen musste, hat, um sie zu überwinden, die Aufgabe, die Symptome, Ängste sowie die negativen Stimmungen zu verstehen und möglichst vollständig an deren Beseitigung zu arbeiten. Es lohnt sich: Durch eine langfristig angelegte Entwicklung der eigenen Fähigkeiten können dauerhafte Veränderungen erreicht werden. Dieser Veränderungsprozess geschieht meist in Form kleiner Schritte. Dabei spielen klare Zielvorstellungen und die Bereitschaft, das eigene Verhalten ändern zu wollen, also *Freiwilligkeit,* eine wichtige Rolle. Jeder Fortschritt stärkt das Selbstvertrauen und die Autonomie, und nach den ersten Anlaufschwierigkeiten kann die Herausforderung Freude und Spaß bereiten.

Die *Kröte* töten heißt trauern

Die *Kröte* entstand vor allem aus Verletzungen des Selbstwertgefühls. Verursacht wurden diese von nahen Bezugspersonen, meist den Eltern. Wie sollen Betroffene damit umgehen, wenn ihnen bewusst wird, welche Hypothek ihre Eltern ihnen mit auf den Lebensweg gegeben haben? Erich Fried[9] hat in eindrücklicher Weise formuliert, um was es geht:

> Sein Unglück
> ausatmen können
>
> tief ausatmen
> so daß man wieder
> einatmen kann

Und vielleicht auch sein Unglück
sagen können
in Worten
in wirklichen Worten
die zusammenhängen und Sinn haben
und die man selbst noch
verstehen kann
und die vielleicht sogar
irgendwer sonst versteht
oder verstehen könnte

Und weinen können

Das wäre schon
fast wieder
Glück

Eltern sind unterschiedlich gut in der Lage, Kinder zu lieben, zu erziehen und in die Unabhängigkeit zu entlassen. Jeder macht Fehler, das ist menschlich. Dramatisch ist, wenn Eltern (schwere) Schuld auf sich laden, wie dies etwa bei sexuellem Missbrauch der Fall ist. Bert Hellinger weist zu Recht darauf hin, dass es nicht Aufgabe der Kinder ist, ihre Eltern zu entschuldigen. Diese müssen mit ihrer persönlichen Schuld selbst zurechtkommen. Doch der Versuch, die Eltern dazu zu bringen, ihr Unrecht einzusehen, um Gerechtigkeit zu erfahren, ist wenig hilfreich. Die Verletzung hat stattgefunden und zu Beeinträchtigungen geführt, die sich nicht rückgängig machen lassen, ob die Eltern zugeben, was geschehen ist, oder nicht. Selbstverständlich ist es für einen liebevollen Umgang zwischen den Generationen wünschenswert, dass Eltern ihre Versäumnisse erkennen und gegenseitiges Verzeihen möglich wird. Gerade in schwierigen Beziehungen gelingt dies erfahrungsgemäß jedoch oft nicht.

Damit sich Autonomie und persönliche Reife entwickeln können, ist der Abschied vom Traum einer besseren Kindheit entscheidend, denn nie wird es eine solche geben. Eine heilsame Trauerarbeit hilft Betroffenen, sich vom Geschehenen zu trennen und loszulassen. Hierzu ist unabdingbar, dass sie Vernachlässigungen, Verletzungen und Verluste wahrnehmen und *anerkennen*. Trauern konfrontiert so lange mit allem, was schmerzt und verwundet ist, bis ein Ja möglich wird. Erst die Trauerarbeit stellt den Kontakt mit dem *inneren Kind wieder* her und lässt blockierte Energien wieder fließen.

Im Trauern erlebt der Mensch, dass alles, auch das Gebrochene und Schmerzende, zu ihm gehört. Er wird dadurch, dass er dies zu akzeptieren beginnt, auf besondere Weise vollständiger. Betroffene, die Zugang gefunden haben zu ihrem Schmerz, zu ihrer inneren *Kröte*, erkennen hier ein gewaltiges Potenzial für Veränderung. Sie entdecken, dass sie den inneren Schmerz verdrängen und verleugnen mussten, und erkennen das Unmenschliche darin, dass sie gezwungen waren, mit sich selbst »unmenschlich« umzugehen. Trauern über die wahren Verletzungen lässt sie zurückfinden zur eigenen Menschlichkeit.

Trauern zu können ist das Wesentliche auf dem Weg zur Wiederfindung der Glückshaut. Um sich der Trauer stellen zu können, ist eine therapeutische Unterstützung oft hilfreich. Die Auseinandersetzung mit dem Verlorenen, das Beschreiben und Benennen der Einschränkungen und Hemmungen weitet den Blick und fordert zur Veränderung heraus. Dieser Prozess ist notwendigerweise mit starken Gefühlen verbunden. Wut, Hass, Verzweiflung, Depression lassen zunächst den Eindruck einer Verschlimmerung der Krise entstehen. All diese Emotionen sind aber wichtig, damit der Kontakt zu den wahren Gefühlen wiederhergestellt werden kann.

Menschen, die in der Vergangenheit zu viel von sich geben mussten, waren einer tiefen Selbstentfremdung ausgeliefert. Es muss verstanden und verarbeitet werden, was so überwältigend auf die Seele wirkte. Gegen die alten Ängste gilt es, ein neues »Ich« aufzubauen, ein neues Weltbild und ein neues Selbstverständnis. Die *Kröte* ist tot, wenn die einschränkenden Haltungen durch neue, realistischere ersetzt werden. Nun kann der innere Brunnen wieder fließen, vielleicht zunächst zaghaft, aber immer stärker. Nur so, Schritt für Schritt, brechen Blockaden auf und führen hinaus aus der inneren Leblosigkeit.

Von kleinen Kindern können wir lernen, wie schlimme Ereignisse zu verarbeiten sind: Da ist ein Unfall passiert, ein dramatischer Vorfall, ein Kind ist überwältigt von Angst, Panik und Schmerz. Schnell läuft es zur Mutter und weiß hier den sicheren Ort. Die Mutter nimmt es in die Arme und hält es fest. Sie tröstet das Kind, sie redet beruhigend, suggestiv, und langsam kommt das Kind wieder in der Wirklichkeit an, Angst und Panik weichen allmählich zurück. Es erzählt immer wieder von dem Geschehenen, und die Mutter hört zu und versteht und tröstet, versteht und tröstet, bis die Wucht des Ereignisses allmählich blasser wird und den Schrecken mehr und mehr verliert. Das Drama ist überwunden, die Sicherheit ist wiederhergestellt.

Werden Kinder allein gelassen mit Panik, Schmerz und Konfusion, führt dies erfahrungsgemäß häufig zu Resignation und emotionalen Blockaden. Sie lernen, dass es keine Hilfe gibt, und künftig wird es diesen Menschen schwer fallen, Hilfe anzunehmen.

Wer traurig ist, braucht Trost, und so kann zum Beispiel eine Therapiegruppe helfend und tröstend die Unterstützung und den Halt geben, die so dramatisch vermisst wurden. Bei jedem erneuten Besprechen des Leids löst sich der alte Teufelskreis ein wenig auf, und die Welt wird menschlicher.

Die *Kröte* zu töten ist ein Akt der Selbstbefreiung und weist über das bisherige Leben weit hinaus. Wut und Trauer über die Kindheitserlebnisse sind endlich erlaubt und befreien von den Fesseln der alten Programmierungen. Das Hier und Jetzt gewinnt immer mehr an Bedeutung, weil die Vergangenheit losgelassen werden kann. Damit dies möglich wurde, musste sie zunächst angenommen werden. Nur was angenommen wird, kann auch losgelassen werden.

Frieden mit den Eltern

Die Versöhnung mit sich selbst kann nur abgeschlossen werden, wenn es gelingt, den Eltern zu verzeihen, deren Unfähigkeit oft das seelische Leid verursachte. In den Beispielen war zu erkennen, dass Eltern häufig selbst Opfer waren und sind und es nicht anders vermochten, als ihre Defizite an die nächste Generation weiterzugeben.

Wut und Hass auf die Eltern begegne ich in der Therapie häufig. Nicht immer sind sie aber auf den ersten Blick erkennbar. Bei einigen ist die Wut tief verschüttet, sie scheinen aggressionsfrei. Hier gilt es zunächst, sie zu entdecken und zu befreien. Andere leben mit ständigen Wut- und Grollgefühlen, weil die Eltern sich nicht ändern wollen. Sie leiden unter deren Einschränkungen, Abwertungen, Forderungen sowie Missachtung und spüren, dass sie nicht frei sind.

Alle Versuche, die Eltern ändern zu wollen, sind zum Scheitern verurteilt. Dies zu akzeptieren fällt vielen schwer, ist aber der erste Schritt in die richtige Richtung. Die Kapitulation vor den Dingen, so wie sie sind, bedeutet auch, damit aufzuhören, etwas von den Eltern haben zu wollen, was diese nicht geben konnten (Wertschätzung, Liebe, Unversehrtheit usw.).

Die Lösung des Problems ist in der eigenen Unabhängigkeit zu finden. Im Sinne einer *Nachreifung* und *Selbsterziehung* gilt es, die Folgen, zum Beispiel emotionalen Missbrauchs oder einer Verwöhnung, zu bearbeiten. Es lohnt immer, frei zu werden von Trotz, Groll und Hass. Die Wut auf die Eltern bindet Energie, schafft Abhängigkeiten (man fühlt sich gezwungen, immer wieder die gleichen Gefühle zu durchleben) und wird schließlich zum Selbsthass. Die Überwindung von Hassgefühlen ist darum von elementarer Bedeutung, weil diese selbstzerstörerisch wirken.

Verzeihen kann aber nur jemand, der sein Drama verstanden hat und einen Ausweg fand. Verzeihen heißt Verstehen, heißt auch, die Not der Eltern zu erkennen: ihre Unfähigkeit, sich selbst zu lieben, und demzufolge auch ihre Unfähigkeit, die eigenen Kinder lieben zu können. *In Liebe loslassen* ist wahrscheinlich die beste Formulierung für die (wirkliche) Befreiung aus jeder Abhängigkeit. Dies gilt insbesondere auch für einen Elternteil, der uns sehr geschadet hat.

Nachfolgend führe ich Verletzungen auf, denen ich in der psychotherapeutischen Praxis häufig begegne. Natürlich gibt es noch andere als die hier erwähnten. Oft liegen mehrere Verletzungen vor, die bearbeitet werden müssen.

- Vernachlässigung;
- Ablehnung;
- offene oder versteckte Verurteilung;
- Überforderung;
- Abwertungen, die zu Selbstabwertung führten;
- Beschämungen;
- emotionaler Missbrauch;
- Verwöhnung;
- Misshandlung;
- Verlust, harte Schicksalsschläge, die nicht verarbeitet wurden;
- sexueller Missbrauch.

Diese Verletzungen führen zu nicht beendeter Trauer, das heißt:

- zu Schuldgefühlen;
- Hass, unterdrückter Wut, Selbsthass;
- Frauenhass/Männerhass.

4. Teil
Die *Kröte* im Alltag

Selbstabwertung, ein beliebtes Spiel

In unserer Gesellschaft dominiert das Verhalten des *Fährmanns,* und viele, die nach außen angepasst, angesehen und effektiv funktionieren, versuchen damit die Begegnung mit ihrer inneren *Kröte* oder der inneren *Maus* zu vermeiden. Es gibt eine Vielzahl hoch begabter Wissenschaftler, Politiker und Manager, die ein negatives Lebensprogramm in sich tragen. Früher oder später brechen ihre Vermeidungsstrategien, wie erfolgreich sie zunächst auch waren, zusammen. Gefühle von Leere und Langeweile oder immer stärker werdende Ängste breiten sich aus, führen zu neuen Symptomen, emotionalen Störungen oder zu Machtmissbrauch. Für Personen mit hoher Verantwortung und Macht wäre es besonders wichtig, ihr inneres Lebensprogramm zu kennen, sich bewusst zu werden, welche *Kröten* und *Mäuse* ihr Handeln letztlich bestimmen.

Schädliches, zerstörerisches Verhalten von Eltern, Lehrern und Erziehern äußert sich besonders in *Abwertungen,* die Kinder ertragen müssen: *Das kannst du nicht; dazu bist du zu dumm, zu klein; du nervst; du bist zu laut, zu faul, zu schmutzig, zu frech, das verstehst du nicht, das liegt dir nicht usw.* Tausende solcher Abwertungen und Beschämungen hören Menschen während ihrer Kindheit. Wissenschaftler fanden heraus, dass »normale« Kinder durchschnittlich pro Tag etwa zwanzig derartige Sätze hören. Die Spuren, die diese manchmal subtilen Abwertungen in der Seele hinterlassen, sind nachhaltig und sehr nachteilig. Viele Erwachsene sehen sich unter diesem Blickwinkel und versuchen, sich mithilfe solcher verinnerlichter Herabsetzungen selbst zu erziehen. Es ist erstaunlich schwierig wahrzunehmen, dass man damit die Rolle von Personen übernommen hat, die einen erniedrigten, verletzten und demütigten, und dass man sich selbst auf die gleiche Weise abwertet.

Zufriedene, glückliche Menschen betrachten Fehler als Lernerfahrungen, an denen sie wachsen können. Fehler gehören zum Leben und dienen der Weiterentwicklung. Auf jede Form der Selbstabwertung zu verzichten bedeutet, die *Kröte* im Hier und Jetzt zu töten. Es ist wichtig, den selbstkritischen Blick auf die eigene Person zu werfen, die eigenen Schwächen zu erkennen und anzunehmen. Doch dies darf nicht zu Selbstabwertung führen. Unsere Fehler wollen mit Humor unter dem Blickwinkel gesehen werden, dass niemand perfekt sein muss und dass man sich ändern kann. Um in den Bildern des Märchens zu bleiben: Der Brunnen kann erst dann Wein spenden, wenn ein Mensch sein Leben und sich selbst nicht mehr negativ sehen muss.

Wenn wir uns fragen, womit wir unsere innere *Kröte füttern,* stellen wir fest, dass wir dies mit unseren negativen Gedanken über uns selbst und durch negative Selbstgespräche tun. Auch wer von ungünstigen Entwicklungsbedingungen verschont geblieben ist, wird in eine negative Stimmung geraten, wenn er ein pessimistisches Bild entwirft, an unangenehme Situationen denkt oder starke Neidgefühle entwickelt. Glücklicherweise funktioniert dieser Vorgang auch umgekehrt. Indem wir mit uns selbst über Erfolge sprechen, uns an angenehme Begegnungen, überwundene Hindernisse, die eigenen Stärken und Talente erinnern, den Blick auf das Positive lenken, entsteht eine gute Stimmung. Auch die *Maus* bekommt ihre Nahrung über negative Gedanken, Fantasien und innere Bilder, die zwangsläufig Ängste zur Folge haben. Diese Vorgänge zu verstehen ist von höchster Bedeutung.

Eine negative Sicht kann als *sich selbst erfüllende Prophezeiung* wirken. Betroffene merken nicht, wie sie selbst daran arbeiten, dass ihre negativen Erwartungen in Erfüllung gehen. Es ist ein psychischer Teufelskreis mit fatalen Folgen: Sie trauen sich nichts zu und stellen dadurch die Signale auch für ihre Umwelt auf

Misserfolg. Schließlich wird ihre Haltung dadurch verstärkt, dass sie »Recht hatten« mit ihren negativen Annahmen.

Diese selbstzerstörerischen Kreisläufe haben ihre Wurzeln wie bereits erwähnt meist in negativen, einschränkenden Erfahrungen. Wer ständig abgewertet wurde, glaubt allmählich, dass er schlecht ist, und beginnt seinerseits, sich abzuwerten. Das Leben wird zur Last, weil alles sich zunehmend ins Negative wendet. Das zieht weitere Folgen nach sich: Zwischenmenschliche Kontakte werden vermieden, Konflikten wird ausgewichen, weil die psychische Energie sinkt, Beruhigungsmittel, Drogen und Alkohol werden gegen die unbefriedigende und quälende Stimmung eingesetzt. Eine Depression hat sich entwickelt. Ihr Krankheitsbild besteht hauptsächlich aus negativen, tiefschwarzen Gedanken (die zwangsläufig zu entsprechenden Gefühlen führen), die sich verselbstständigt haben.

Wie alle angeführten Beispiele zeigen, hat sich das Selbstwertgefühl bei den meisten Menschen schon früh in ihrer Kindheit in eine bestimmte Richtung entwickelt. Im späteren Leben sind es dramatische Ereignisse, die dazu führen, dass das Selbstwertgefühl nachhaltig beeinträchtigt wird, etwa Vergewaltigung, Folter, Unfälle, schwere Krankheit, Verlust wichtiger Personen und ähnliche Schicksalsschläge. In der Vorgeschichte vieler Menschen hat es solche Ereignisse gegeben, die bleibende Schäden im emotionalen Bereich erwarten lassen. Warum der eine mit starken Symptomen reagiert, der andere jedoch nicht, ist noch wenig erforscht. Bekannt ist hingegen, dass die Erfahrung, in der frühen Kindheit vorbehaltlos geliebt worden zu sein, Urvertrauen ermöglicht, das vieles aufzufangen vermag. Doch warum einige Menschen auch schwerste Ereignisse, wie zum Beispiel ein Konzentrationslager der Nationalsozialisten, relativ unbeschadet überstanden und auch durch extremsten Terror ihren optimistischen Blickwinkel nicht verloren oder ihn nach dem Verlassen des Lagers wiederherstellen konnten, ist letztlich nicht erwiesen. Die Mehrzahl litt zeitlebens unter den Folgen, und die KZ-Erfahrung blieb lebensbestimmend. Das heißt, übertragen auf den Alltag: Wer aus zerrütteten Familienverhältnissen stammt, muss nicht zwangsläufig scheitern und psychische Symptome entwickeln. Es kann durchaus gelingen, eine positive Einstellung zu erhalten. Für andere ist es jedoch erforderlich, den negativen Teufelskreis, den sie, ohne zu wollen, in sich selbst errichtet haben, durch Selbsterkenntnis bewusst zu durchbrechen.

Meist ist es einfacher, sich gänzlich von krank machenden Gedanken zu verabschieden, als sie zu verringern. Ich empfehle meinen Patienten, von Selbstabwertungen *abstinent* zu werden. Immer, wenn sie sich dabei beobachten, dass sie wieder destruktiv, abfällig oder abwertend mit sich selbst reden, sollen sie diese Gedanken durch ein deutliches »Stopp!« zum Stillstand bringen und durch positive, realistische ersetzen. Die totale Abstinenz ist auch deshalb von Bedeutung, weil schon kurze oder kleine Selbstabwertungen den kompletten Teufelskreis in Bewegung setzen können. Die Folge sind oft die früher beschriebenen Grübelzwänge.

In manchen Fällen ist es angemessen, professionelle Hilfe in Form von Psychotherapie anzunehmen. Häufig sind unberechtigte Schamgefühle zu überwinden, doch so wie wir selbstverständlich einen Arzt aufsuchen, wenn wir eine starke Infektion haben, kann es auch richtig sein, einen Psychotherapeuten um Hilfe zu bitten. Bei vielen Menschen ist dies jedoch nicht erforderlich, weil sie ausreichend gesunde Mechanismen haben, um sich in ihrem Leben zurechtzufinden. Aber auch sie sollten sich über ihre kleinen *Kröten* im eigenen Inneren klar werden.

Die Frage nach dem Sinn

Die Sinnfrage ist eine der wichtigsten Fragen überhaupt und gleichzeitig eine der am meisten vernachlässigten. Es ist erstaunlich, dass Schule und Ausbildung äußerst komplizierte Inhalte und Informationen vermitteln, aber meist wenig dazu beitragen, zentrale

Lebensfragen zu bearbeiten. Der bereits erwähnte Begründer der Logotherapie, Viktor Frankl, behauptet, dass die meisten seelischen Störungen daher rühren, dass es nicht gelingt, die Sinnfrage zu beantworten und zu leben. Friedrich Nietzsche formulierte diese Tatsache sehr prägnant:

»Wer ein Warum zum Leben hat, erträgt fast jedes Wie.«

Unsere Zufriedenheit und unser Glück hängen tatsächlich wesentlich von dem Gefühl ab, ob das, was wir tun, sinnvoll ist. Das Bild von dem Baum, der, folgen wir dem Märchen, goldene Früchte tragen könnte, aber kurz vor dem vollständigen Verdorren steht, ist ein eindringliches Mahnzeichen. Wer mit seinem Leben unzufrieden ist, sollte sich gründlich mit der Frage nach der *Maus* auseinander setzen, die an seinen Wurzeln nagt und die Lebensenergie raubt.

Frage ich in Therapieveranstaltungen die Teilnehmer nach dem Sinn ihres Lebens, wirken die meisten ratlos. *Ich will zufrieden und glücklich sein* ist eine oft geäußerte, spontane Antwort. An dieser Stelle pflege ich sie darauf aufmerksam zu machen, dass die Grundstimmung von Zufriedenheit und Glück von vielen Komponenten abhängt, unter anderem nicht unwesentlich davon, was man *tut.*

Manche behaupten, dass ihr Sinn im Leben die Arbeit sei: *ein Leben für die Arbeit, für die Firma.* Tragischerweise ist dies für viele der einzige Sinn. Werden sie in den Ruhestand versetzt, riskieren sie, depressiv oder körperlich krank zu werden oder gar zu sterben. Viele Menschen in unserer Leistungsgesellschaft definieren sich über ihre Arbeit. Ihr Selbstwertgefühl hängt zudem stark von Rang und Stellung innerhalb des Betriebs ab.

Ich lebe für meine Familie und meine Kinder, sagen andere. Tatsächlich halten dies viele für einen befriedigenden Sinn im Leben. Was gibt es Wichtigeres als eine zufriedene Familie, ist sie doch ein Ort der Geborgenheit und Zuneigung? Leicht wird hier eine Falle übersehen: die Opferrolle. Viel zu viele opfern sich für andere, insbesondere die Mütter. Die Gefahr der Abhängigkeit von den Umsorgten und des emotionalen Missbrauchs besteht. Kinder sind dazu da, in die Unabhängigkeit hineinzuwachsen. Eltern, die den eigentlichen Sinn des Lebens in ihren Kindern sehen, missbrauchen oft ihre Elternrolle aus Furcht vor Sinnverlust. Das »Empty nest« – das leere Nest – ist eine bekannte Ursache für die Depression vieler Mütter oder Väter, nachdem die Kinder flügge geworden sind. Sie fallen in ein tiefes Loch, wenn ihre Kinder das Haus verlassen, weil ihr Leben viel zu sehr darauf ausgerichtet war, für ihre Kinder wichtig zu sein. Sie fühlen sich wertlos und überflüssig. Wie sehr dies zu einer emotionalen Falle werden kann, konnten wir bereits bei der Auseinandersetzung mit dem *Kind in der Partnerersatzrolle* erkennen.

Frage ich in Therapiegruppen jeweils vertieft, wofür die Teilnehmer leben, tut sich mitunter eine tiefe Trostlosigkeit auf. Sie leben für eine Automarke oder auch für einen Fußballverein, um den sich das ganze Leben zu drehen scheint. Sie gehen tagsüber arbeiten und sitzen abends vor dem Fernseher: das Leben für Zigaretten und Bier. Sie leben halb betäubt in einem Dämmerzustand.

Wenn sich das Leben dem Ende zuneigt, stellt sich die Sinnfrage in einer Art Schlussbilanz deutlicher als sonst: Wofür habe ich gelebt, wem oder was habe ich genutzt oder geholfen, was habe ich an Dauerhaftem erreicht? Wie viel Liebe durfte ich geben, wie viel erhalten? Habe ich den mir zukommenden Beitrag an Verantwortung für diese Schöpfung erbracht? – Es lohnt sich, diese Überlegungen schon vor dem nahen Lebensende anzustellen.

Die meisten Menschen versuchen entweder in der Zukunft oder in der Vergangenheit zu leben. Zur Lebenskunst gehört, mit allen Sinnen und mit größtmöglicher Bewusstheit im Hier und Jetzt zu leben. Die Auseinandersetzung mit dem Märchen und der damit verbundenen Frage nach dem dauerhaften Glück zwingt uns zum Nachdenken über die eigene Position in der Welt.

Visionen können bei der Lösung der Sinnfrage helfen

Starke innere Bilder haben immer die Tendenz, Wirklichkeit zu werden. Viele Menschen tragen über sich und ihre Zukunft destruktive, dunkle Bilder im Innenraum ihrer Psyche. Auch diese Visionen können Realität werden. Bei der Beschäftigung mit dem eigenen Skript oder Mythos ist es, wie ich bereits ausgeführt habe, möglich, früh vermittelte negative Bilder zu erkennen.

Der kreative Umgang mit Visionen besteht darin, an Stelle von negativen Bildern positive Bilder über sich und seine Zukunft zu erschaffen. Visionen werden besonders dann Wirklichkeit, wenn sie mit der *wahren Bestimmung des* Betreffenden übereinstimmen. Es ist daher äußerst empfehlenswert, sich der Frage nach der wahren Bestimmung zu stellen. Hierzu werden Sie im 5. Teil, »Die Antwort der Mystiker«, Hinweise finden. Hier nur eine kurze Erläuterung zum praktischen Umgang mit Visionen:

Wie bereits erwähnt, besteht eine Vision aus einem möglichst konkreten und eingängigen Bild. Dieses sollte so konkret wie möglich mindestens einmal täglich spielerisch in die Vorstellung geholt werden. Die beste Zeit ist kurz vor dem Einschlafen oder kurz nach dem Erwachen, damit das Bild ins Unbewusste sinkt. Manchmal dauert es Jahre, bis sich die Vision erfüllt, daher ist Geduld die richtige Haltung. Möglicherweise verändert sich das Bild im Laufe der Zeit in die Richtung der eigenen Bestimmung.

Vom Umgang mit Leid

Zu einem Buch, das Glück zum Thema hat, gehört die Auseinandersetzung mit Leid. Alle Menschen sind bestrebt, Leid zu vermeiden und Glück zu gewinnen. In der westlichen Hemisphäre hat dieses Streben zu einer unguten Entwicklung geführt, denn das Vermeiden von Leid hat gerade die Gefühle zur Folge, die unerwünscht sind: Leere, Selbsthass, innere Wut, Angst und Depression.

Untersuchungen wie die bekannte Studie der Warwick University über Lottogewinner drängen den Schluss auf, dass es für viele Lottomillionäre Pech war, gewonnen zu haben. Nach kurzer Euphorie versanken viele Gewinner in Schwermut, und bald überstieg die Zahl der Depressionen bei weitem den Durchschnitt der Bevölkerung. Glücksforscher wie Mihaly Csikszentmihalyi sind sich einig, dass weder Wohlstand und Komfort noch Ruhm, Macht oder herausragende Fähigkeiten etwas mit Lebensglück zu tun haben.

Wie sehr gerade der Umgang mit Leid entscheidend ist für das Erleben von Glück, vermag nur auf den ersten Blick zu verwundern. Denn wer versucht, sich an Leid »vorbeizudrücken«, behält es! Diese Erkenntnis moderner Glücksforscher bestätigt uraltes Wissen. Die Kunst besteht darin, durch das Leid *hindurchzugehen.* Das leidvolle Gefühl verschwindet erst, wenn es gespürt und durchlebt wird. Bewusst oder unbewusst vermeiden viele den Kontakt mit diesen schmerzhaften, unangenehmen Gefühlen. Da sie bedrohlich erscheinen, werden sie mit Alkohol, Drogen oder Zerstreuungen betäubt beziehungsweise zu vergessen versucht.

Mit (seelischem) Schmerz verhält es sich ähnlich wie mit Angst, von der wir bereits gesprochen haben. Nur indem wir auf ihn zugehen, wird er überwunden und schließlich losgelassen. Herr U. ist ein Beispiel für den guten Umgang mit Leid: Er verlor bei einem Unfall einen Arm. Nach einer Phase der Trauer über den Verlust, in der er allmählich seine neue Lebenssituation akzeptieren konnte, begann er, aus seiner Situation das Beste zu machen und nach einer beruflichen Lösung zu suchen. Er verzichtete auf Selbstmitleid und arbeitete hart daran, den Verlust möglichst auszugleichen. Er fand sich mit dem Unabwendbaren ab und ließ sich von Leid nicht lähmen, sondern erweiterte seinen Blickwinkel.

Wenn wir der Welt die Schuld an Leid, Niederlagen, Alter, Krankheit und Tod zuschieben und dem Lebensüberdruss Raum geben, verpassen wir die Chance, mit dem Glückskind in Verbindung zu treten! Gerade weil man durch Leid zum Glückskind Beziehung aufnehmen kann, erweist sich ein schwieriges Leben oft als reicher denn ein leichtes.

Der indische Heilige und Gelehrte Shantideva gibt einen Hinweis zum Umgang mit Leid, der in seiner schlichten Wahrheit keinen wirklichen Widerspruch zulässt. Er sagt, dass jemand, der sich Schwierigkeiten gegenübersieht, sich nicht lähmen oder überwältigen lassen sollte von starken Gefühlen. Vielmehr solle er seinen Verstand benutzen und sich anstrengen, um das Wesen des Problems genau zu erfassen. Wenn es eine Lösung gebe, habe man keinen Grund, sich Sorgen zu machen. Das Vernünftigste sei dann, diesen Weg mit aller Entschiedenheit zu beschreiten. Sollte man zu dem Schluss gelangen, dass es für bestimmte Schwierigkeiten keine Lösung gibt, dann sei es ebenfalls nicht richtig, sich Sorgen zu machen, denn diese machten das Problem nur noch schlimmer.

In seinem *Buch der Menschlichkeit* weist der derzeitige Dalai Lama auf einen Aspekt des Leids hin, der über die eigene Person hinausweist. Er meint, dass Leiderfahrungen immer auch an das erinnern sollten, was andere ertragen müssen. So stelle Leid eine eindringliche Aufforderung dar, uns mitfühlend zu verhalten und anderen kein Leid zuzufügen. Leid verschaffe Verbundenheit und könne die Grundlage für Mitgefühl und Liebe sein. – Ein positives Beispiel in diesem Sinne gibt der weltbekannte Tenor José Carreras. Nachdem er seine lebensgefährliche Leukämie überwunden hatte, gründete er eine Stiftung, die die Leukämieforschung und Betreuung von Leukämiekranken materiell unterstützt.

Jeder kennt Zeiten der Sorgen und des Leids, und manchmal scheinen die Sorgen sich nicht auflösen zu wollen. Sie verfolgen uns wie dunkle Schatten. Je mehr wir versuchen, sie loszuwerden, desto stärker kommen sie wieder auf uns zu.

Die folgende Übung führt, wenn sie mit der genügenden Intensität durchgeführt wird, tatsächlich zur Überwindung von momentan leidvollen und überhaupt von schmerzhaften Gefühlen. Dadurch wird es oft erst möglich, sich mit der Ursache auseinander zu setzen. Die Übung wird mit therapeutischer Unterstützung auch bei der Behandlung von sexuell missbrauchten Menschen eingesetzt.[10]

Lesen Sie die Anleitung mehrmals, damit Sie sich den einfachen Ablauf der Übung gut merken können:

> Setzen Sie sich bequem hin. Zunächst atmen Sie aus und drehen den Kopf über die linke Schulter. Während Sie langsam über die linke Schulter einatmen, stellen Sie sich Ihr Problem: Leid, Angst, Ekel, Schuld, Kränkung, unangenehme Erinnerungen so gut wie nur möglich vor. Lassen Sie die Gefühle so stark wie möglich werden. Stellen Sie sich bildlich die Stricke, Ketten und Seile vor, mit denen Sie an dieses Problem gefesselt sind. Nachdem Sie vollständig eingeatmet und sich all diese Dinge so intensiv wie möglich vorgestellt haben, drehen Sie den Kopf über die rechte Schulter und stellen sich jetzt beim Ausatmen die gleichen Bilder mit den gleichen Gefühlen und mit gleicher Intensität vor. Nachdem Sie vollkommen ausgeatmet haben, drehen Sie in einem sanften Schwung den Kopf wieder über die linke Schulter und fließend zurück in die Mitte und atmen Sie erst jetzt wieder ein.

In aller Regel hat sich nach der Übung die Stimmung deutlich verändert. Ist das Ergebnis noch nicht befriedigend, kann sie wiederholt werden. Diese Übung kann zu jedem beliebigen Problem ausgeführt werden mit dem Ziel, eine veränderte emotionale Haltung zu erreichen. Der Vorteil ist, dass wir die Kontrolle über das Geschehen behalten und alle Gefühle bewusst annehmen. Sich selbst intensiv den negativen Emotionen auszusetzen erfordert mitunter Mut. Doch da wir nicht vor ihnen flüchten, können sie nicht mehr hinter uns herlaufen.

Nachdem Frau J. die Übung unter Anleitung durchgeführt hat, äußert sie: *Ich glaube, dass ich mir das nur einbilde, aber es geht mir viel besser.* Wie viele Menschen hatte Frau J. aus Angst vor dem Leid stets versucht, sich davon möglichst fern zu halten. Dies war bei ihr ein Mechanismus geworden, welchen sie, ohne sich dessen bewusst zu sein, immer wieder einsetzte. So war es überraschend für sie, dass die unangenehmen Gefühle von selbst verschwanden, nachdem sie den Mut hatte, sie bewusst und so intensiv wie möglich zu spüren.

Gerade das Verdrängen und dadurch unbewusste Festhalten leidvoller Erfahrungen führt zu der *Kröte,* von der im Märchen die Rede ist. Wenn wir unsere *Kröte* bewusst anschauen und zu einem Ja auch zu den Gefühlen finden, die zunächst so unannehmbar, unerträglich, zuwider, ängstigend und abscheulich sind, wird sie getötet. Die Blockaden lösen sich auf und die innere Quelle des Glücks kann wieder fließen.

Auch der ängstliche Mensch ist ein leidvoller Mensch. Für Angst hatten wir ähnliche Prinzipien gefunden wie für Leid: Wer Angst vermeidet, vermehrt sie. Die oben beschriebene Übung kann auch wirksam zur Auflösung von Ängsten beitragen. Aber Achtung! Sie ist auch geeignet, missbraucht zu werden zur Leidvermeidung und zur Flucht vor den Gefühlen. Bestimmte Gefühle fordern zum Handeln auf, Nichtbeachtung ist auf Dauer keine Alternative, der Lebensbaum würde verdorren, wenn unangenehme Erfahrungen nicht zu konstruktivem Handeln beflügelten. Weitere Hinweise zu diesem Thema sind im Anhang unter der Überschrift »Der intelligente Umgang mit Gefühlen« zu finden.

Wir sollten »Jasager« werden Hier sind nicht die bedauernswerten Menschen gemeint, die zu allem *ja* sagen. Es geht vielmehr darum, zu den Unabwendbarkeiten im Leben *ja* zu sagen, um sie dann loszulassen. Dies ist die Haltung der Glücklichen. Nur das, was wir angenommen haben, können wir auch loslassen. Symptome wollen verstanden werden, weil sie wichtige Mitteilungen enthalten. Einem indianischen Sprichwort zufolge gibt es keine schlechten Erfahrungen – nur gute oder Lernaufgaben.

Das *Jasagen* bezieht sich besonders auf unsere eigene Person, die bejaht werden will, und auf das, was wir gerade in diesem Augenblick tun. Bereits indem wir die Aufmerksamkeit auf die Gegenwart lenken und auf die Dinge, auch auf die unscheinbaren, die wir gerade tun, erreichen wir eine Intensivierung des Lebensgefühls. Die starke Präsenz im Hier und Jetzt will allerdings geübt werden. Zukunft und Vergangenheit gehen nicht verloren, wenn wir erkennen, dass wir zum Beispiel das Gefühl der Vorfreude *jetzt* oder schöne Erinnerungen ebenfalls *jetzt* haben können.

Vom Umgang mit dem Tod

Der Mensch, der als einziges Lebewesen Bewusstsein für seine Situation erlangt, ist sich über die eigene Endlichkeit im Klaren. Wir wissen, dass wir einmal sterben werden. Die Rede ist hier jedoch von einem kollektiven Verdrängungsprozess. Die meisten Menschen verwenden viel Energie darauf, die Angst vor dem Sterben und dem Tod zu verdrängen, das heißt, sie zu vergessen und nicht zu spüren (auch hier ist eine *Maus* zu erkennen!). Alle möglichen Formen der Zerstreuung werden eingesetzt, um sich davon abzulenken. Dies hat große Nachteile. Der bewusste Umgang mit dem Tod eines geliebten Menschen kann zum Beispiel die Schrecken, die Sterben allgemein auslöst, mildern und sogar überwinden. Im Folgenden möchte ich einige Hinweise geben, die als Anregung zu verstehen sind.

Stirbt ein geliebter Mensch, ist die Trauer über den Verlust von großer Bedeutung. Wie bei allem Leid geht es auch hier darum, das schmerzhafte Gefühl und die Tränen zuzulassen, durch den Prozess des Trauerns *hindurchzugehen.* Das ist für einen guten Abschied notwendig. Erst am Ende des Trauerprozesses ist Licht zu erkennen. Sehr eindrucksvoll wird dieser Vorgang bei der Urbevölkerung einer Pazifikinsel beschrieben: Stirbt der Partner, so wird drei Tage und Nächte geschrien und geklagt. Der Schmerz, die Trauer, die Wut über den Verlust werden exzessiv ausgedrückt und förmlich aus Körper und Seele *hinausgeschrien.* Für Europäer unvorstellbar ist, dass diese Menschen am vierten Tage wieder zu heiraten vermögen. An diesem Beispiel wird uns bewusst, wie stark emotionale Blockaden im Bereich der Trauergefühle in unserer Kultur sind. Allgemein bestimmt eine radikale Schmerzvermeidung die innere Haltung vieler. Der Weg durch die Trauer erscheint den meisten nicht möglich oder zu beschwerlich. Zudem ist Trauer Privatsache und wird demzufolge versteckt. Für junge Menschen bleiben damit wenig Möglichkeiten, am Modell zu lernen.

Häufig lebt die Trauer unterschwellig weiter, das heißt, sie bleibt dauerhaft bestehen und führt zu depressiven Gefühlen, eventuell zu einer eigentlichen Depression. Wer versucht, Trauer und Schmerz zu vermeiden, wird insgesamt ärmer im Erleben von Gefühlen, weil unvermeidbar nicht nur die negativen Gefühle, sondern auch die positiven weniger intensiv erlebt werden. Das Gefühlsleben wird flacher, und vor allem wird echte Freude vermisst.

In besonderem Maße unfähig, den geliebten Menschen loszulassen, sind Angehörige, die in einer so genannten *Symbiose* mit ihm lebten. Abhängigkeit bleibt über den Tod hinaus bestehen. Vor allem Menschen mit einer depressiven Persönlichkeitsstruktur neigen dazu, sich abhängig zu machen, weil sie grundsätzlich in dem Glauben leben, nicht allein existieren zu können. Sie klammern sich an ihr Gegenüber, sind unselbstständig und geben dem Leben zu wenig eigene Impulse. Der Partner (nicht selten auch ein Elternteil) ist dadurch von existenzieller Bedeutung, sodass der Verlust unerträglich erscheint. Loslassen ist nicht möglich, weil Zurückgebliebene in dem Gefühl leben, dass ein Teil von ihnen selbst gestorben sei. Entweder erlernen sie jetzt Unabhängigkeit, also selbst zu entscheiden und zu handeln, oder sie klammern sich weiter an den Verstorbenen. Bei Letzterem geraten sie in typische Schwierigkeiten. Da sie sich mit dem Ableben des geliebten Menschen nicht abfinden können, kreisen ihre Gedanken auch nach Monaten oder Jahren immer wieder um die Frage, was sie hätten tun können, um das Unvermeidliche zu verhindern. Man hätte zum Beispiel einen anderen Arzt fragen oder den Verstorbenen früher ins Krankenhaus bringen müssen, man hätte ein besseres Medikament finden, bestimmte Dinge nicht getan oder gesagt haben sollen usw. Außenstehenden erscheinen diese Gedanken sinnlos.

Häufig findet eine Idealisierung des Verstorbenen statt, was die Trauergefühle verstärkt und den Schmerz über den Verlust ins Unendliche steigern kann. Hier ist der erste Schritt aus der Verstrickung, die Stärken und Schwächen des geliebten Menschen realistisch zu beurteilen.

Statt das Leid als Herausforderung zur Entwicklung der eigenen Unabhängigkeit anzunehmen, geraten diese Menschen in eine Lebenskrise, entwickeln nicht selten psychosomatische Krankheiten und benötigen eventuell psychotherapeutische Hilfe. Eine Therapie hat hier die Aufgabe, die Lebensbereiche herauszuarbeiten, die nicht eigenständig bewältigt wurden. Erst wenn der Betroffene die eigenen Defizite besser erkennt und an deren Beseitigung zu arbeiten beginnt, kann sich auch die Haltung zum Verstorbenen verändern.

Der Ausweg aus der Verhaftung an den Verstorbenen besteht darin, den Glauben zu entwickeln, dass die Trauer zu bewältigen ist. Die innere Überzeugung: *Ich werde den Tod von XY nie verwinden,* ist ungemein mächtig und wird sich bewahrheiten, solange sie existiert.

Von entscheidender Bedeutung ist der innere Dialog mit den Verstorbenen. Sie werden integriert, indem man mit ihnen redet, sie um Rat fragt und um Hilfe bittet. So werden sie zu einer inneren Kraft, die äußerst wirksam sein kann. Geht man freundlich und liebevoll mit ihnen um, dann sind sie auch hilfreich für die Lebenden. Sie bleiben eine dunkle und bedrohliche Macht, wenn sie einfach vergessen werden oder Unfrieden mit ihnen besteht.

Selbstliebe

Die Aufmerksamkeit
das Verständnis
die Annahme
die Geduld
die du dir verweigerst
kann dir niemand ersetzen,

schreibt Bodo Rulf in einem seiner Gedichte.[11] Wer sich selbst nicht liebt, kann andere nicht lieben. Selbstliebe ist aber vielen Menschen suspekt. Sie verwechseln Egoismus, Narzissmus und Geltungsbedürfnis mit Selbstliebe. Tatsächlich gehören die Sucht nach Besitz, Macht und Prestige zu den weniger liebenswürdigen Seiten eines Menschen.

Wie ich in meinem Buch *Narzißmus – Das innere Gefängnis* zu zeigen versuchte, handelt es sich dabei vor allem um Menschen, die in den ersten Lebensjahren von den nahen Bezugspersonen, meist Mutter oder/und Vater, aus den verschiedensten Gründen keine vorbehaltlose Liebe erhielten und infolgedessen mit ungeeigneten Mitteln ihren großen Hunger nach echter Liebe und Zuneigung zu stillen versuchen.

Sie glauben, sich an den eigenen Haaren aus dem Sumpf ziehen zu können, und entwerfen von der eigenen Person ein grandioses Bild. Hinter dieser großartigen Fassade fühlen sie sich klein und einsam. Sie wirken merkwürdig unecht, weil sie nicht im Einklang mit ihrer eigenen Persönlichkeit leben, sie leugnen Gefühle und setzen sich mitunter kompromisslos für die eigenen Bedürfnisse ein, ohne die berechtigten Bedürfnisse anderer zu respektieren.

Menschen mit einer *narzisstischen Persönlichkeitsstörung* haben extreme Probleme, sich selbst zu lieben und Liebe, die ihnen geschenkt wird, zu integrieren. Sie benötigen in der Regel psychotherapeutische Hilfe, die sie jedoch meist ablehnen, weil sie glauben, in ihrer Einzigartigkeit sowieso nicht verstanden zu werden. Gerade sie müssten ihre innere *Kröte* finden und töten.

Bei der Selbstliebe geht es weder um Egoismus noch um Narzissmus. Vieles in jedem Menschen ist liebenswert, und es gilt, den Blick dafür zu öffnen. Aber auch die eigenen Schattenseiten gilt es anzunehmen, um tiefere Selbstliebe zu ermöglichen. Gerade in der Selbstliebe ist eine Kraft verborgen, die die Liebe zu anderen antreibt. Indem die eigene innere Schönheit entdeckt wird, öffnet sich auch der Blick für die Schönheit anderer Menschen. Die Auseinandersetzung mit unserem Märchen kann dabei helfen.

Wer die drei goldenen Haare nach Hause bringt, bekommt die Tochter des Königs, so die Aussage des Märchens. Die Vermählung des Glückskindes mit der Königstochter ist ein Sinnbild dafür, dass ein Mensch zu einer Einheit mit sich selbst findet, zu Selbstliebe und sinnerfülltem Leben.

Zur Menschwerdung gehört, dass man durch die Hölle muss und die Aufgaben, die sich im Leben stellen, meistert. Ohne die Lebensaufgaben zu erfüllen und wirklich zu lösen, ist tieferes Glück nicht in Sicht.

Das Ziel ist die Wiederbegegnung mit der inneren Geliebten (dem inneren Geliebten); denn auch die Figur der Tochter des Königs will, wie jedes Bild im Märchen, als innere Instanz verstanden werden. Am Ende erkennen wir das Liebespaar als ein Sinnbild des Glücks. Hier ist auch die Antwort auf die zuvor so dringend gestellte Frage nach dem Sinn des Lebens zu erkennen: Der tiefere Sinn des Lebens besteht darin, *in der eigenen Liebesfähigkeit zu wachsen.* Dies ist das Wesentliche überhaupt, wenn nach gelungenem Leben gefragt wird.

Betrachten wir das Bild zweier Verliebter: Wenn sie getrennt sind, haben sie Sehnsucht nach einander; haben sie sich gefunden und schauen sie sich an, können sie sich nicht satt sehen und finden immer neue Schönheit im Gegenüber; sie sind im Kontakt mit ihrem inneren *Glückskind,* weil es den Geliebten oder die Geliebte gibt; nichts kann sie erschüttern; nichts um sie herum ist wirklich wichtig; sie gehen besonders achtsam mit sich um und sorgen sich um die Freude und das Wohlergehen des anderen. Glauben wir dem Märchen, dann bedeutet die Vereinigung der Geliebten das *Finden der wahren Selbstliebe.*

Wie wäre es, wenn wir mit uns selbst genauso umgehen könnten wie mit einem Menschen, den wir über alles lieben? Haben wir Sehnsucht nach uns selbst? Können wir uns in der Weise anschauen, dass wir immer neue wahre Schönheit an uns und in uns entdecken? Paul Tillich spricht vom *Mut zum Sein,* und dazu gehört, so möchte ich betonen, der *Mut zur Selbstliebe* und der *Mut zum Glücklichsein.*

Um zu Selbstliebe zu finden, müssen wir uns gewissen Fragen stellen: Sind wir in der Lage, die Dinge um uns herum nicht überzubewerten? Lassen wir uns durch sie nicht zu sehr von uns selbst und von unserer Lebensaufgabe ablenken? Achten wir auf unser Wohlergehen genauso wie auf das Wohlergehen anderer? Können wir Freude an uns selbst haben, weil wir auf einem sinnvollen Weg sind?

Ein Mensch, der sein Drama verstanden hat, ist sich darüber im Klaren, dass er nicht anders werden konnte, als er geworden ist. Er sieht sich nicht mehr als schuldig, schmutzig oder sonst wie verwerflich, sondern als Mensch, der berechtigt ist zu sein.

Nur der Mensch, der zur Selbstliebe in der Lage ist, ist zur Liebe fähig. In dem Maße, wie er Zuneigung zu sich selbst empfindet, ist Zuneigung vorhanden, die verschenkt werden kann. *Liebe ist das Einzige, das wächst, wenn man es verschwendet,* sagt Ricarda Huch. Man kann Liebe allerdings erst verschwenden, wenn man selbst genügend für sich hat. Viele versuchen zu früh zu lieben, bevor sie sich selbst lieben können. Dies jedoch ist zum Scheitern verurteilt, weil das Vertrauen fehlt und letztlich nur Bitterkeit, Neid, Unmut und Missgunst bleiben. Vielfach wird der Glaube verbreitet, dass das Gegenteil von Nächstenliebe Selbstliebe sei, dass Selbstliebe Nächstenliebe ausschließe. Dabei ist das Gegenteil von Selbstliebe Egoismus.

Die Vereinigung des Glückskindes mit der Geliebten haben wir als das Finden der Selbstliebe verstanden. Dies führte zu einer Ganzheit, zu einer neuen Einheit und Vollständigkeit. Im bekannten Bild von Yin und Yang, das die Vereinigung von männlichen und weiblichen Elementen ausdrückt, ist eine ideale Harmonie zu erkennen, die Menschen selten oder nie erreichen.

Die persönliche Entwicklung sollte jedoch nicht mit dem Lösen alter oder alltäglicher Konflikte enden. Die Bilder des Märchens laden ein, noch weitere Dimensionen des Daseins zu erforschen. Fangen sie doch meist mit dem Satz an: *Es war einmal ...* Was hier scheinbar auf die Vergangenheit weist, ist symbolisch ein Hinweis auf Zeitloses oder Überzeitliches, grundsätzlich Gültiges. Märchen und Mythen handeln von einer grundlegenden Wahrheit, weil sie den konventionellen Raum und die konventionelle Zeit verlassen. Versuchen wir den *Mystikern* zu folgen, die es zu allen Zeiten gegeben hat und für die die Erfahrung dieser zeitlosen Wahrheit im Mittelpunkt steht! Hier werden wir dem Bild der Geliebten und der Vereinigung mit ihr auf neue Weise wiederbegegnen.

5. Teil
Die Antwort der Mystiker

Transpersonale Entwicklung

Würde ein Philosoph aus dem antiken Griechenland oder dem Römischen Reich in unsere heutige Welt kommen, würde er die Menschen für Zauberer oder Magier halten. Sie brauchen nur auf einen Knopf zu drücken, und schon erscheint ein lebendiges Bild auf einer Fläche und man versteht, was die Personen sprechen. Menschen steigen in merkwürdige Kästen und fahren durch die Landschaft, andere fliegen zum Mond usw. Bald würde sein Staunen jedoch einer großen Betroffenheit weichen – müsste er doch bemerken, dass sie ihre Interessen fast ausschließlich auf die äußeren Dinge lenken. Er müsste erkennen, wie wenig sie von dem wahren Ausmaß ihrer Seele wissen, wie wenig Zugang sie zu überbewussten Stufen ihrer Existenz haben. Trotz gewaltiger Fortschritte und der Möglichkeit, Bedürfnisse immer noch besser und noch schneller zu befriedigen, leiden sie unter einem *existenziellen Vakuum,* wie Viktor Frankl dieses Gefühl der inneren Leere bezeichnet. Dies würden alte Philosophen schnell als die Wurzel vieler Probleme erkennen.

Zu allen Zeiten haben Menschen gespürt, dass die äußere Welt nicht die ganze Wirklichkeit ist, und versucht, ihr Bewusstsein zu erweitern. Unter den Suchern sind es vor allem die Mystiker, die bemüht waren und sind, innere Grenzen zu überschreiten.

Mystiker gibt es in den verschiedensten Religionen. Sie kommen nahezu alle zu ähnlichen Ergebnissen und haben immer eine radikale Antwort, auch auf die Frage der Angst, die sie als ein zentrales Problem erkannt haben. Sie selbst zeichnen sich durch große Angstfreiheit aus, denn sie lassen sich nicht mehr von ihren Ängsten dominieren. Auf diese Weise leben sie eine besondere Form der Freiheit, die den Regeln der Gesellschaft nicht immer entspricht. Deswegen wurden sie in manchen Kulturen verehrt, in anderen jedoch verfolgt und getötet.

Der Weg der Mystiker ist der Weg des Verstehens. Wenn wir uns dem Leben und vor allem dem Denken der Mystiker nähern, erkennen wir, dass wir eine eingeschränkte Wahrnehmung der Realität haben. Spirituelle Lehrer fordern deshalb *Bewusstheit* als oberste Tugend. Normalerweise »schlafen« Menschen, insofern sie ihren alltäglichen Verpflichtungen nachkommen und sich wenig mit anderen Dimensionen ihrer Existenz beschäftigen. So klingt es für die meisten befremdlich, wenn sie erfahren, dass tief in ihrer Psyche etwas schlummert, das über ihre eigene Person hinausreicht.

Das Mythologische, die überzeitliche Wirklichkeit, scheint in allem, was ist, durch und wird, wenn sich das Bewusstsein für diese Wahrnehmung öffnen kann, lebendig. Mystiker haben gelernt, ihr Leben *mythologisch*[12] zu leben. Dies bedeutet jedoch nicht, welt- oder lebensfremd zu sein, im Gegenteil, das Entscheidende ist, das Bewusstsein erweitert zu haben.

C. G. Jung erkannte in den Mythologien aller Völker verblüffende Übereinstimmungen, die nicht überliefert oder sonst wie transportiert sein konnten. Er studierte griechische, römische, chinesische, indische, afrikanische und indianische Gottheiten und Dämonen und war überrascht, dass gleichartige Wesen in den Träumen zivilisierter Westeuropäer vorkamen, obwohl diese sich niemals mit dergleichen beschäftigt hatten. C. G. Jung hatte die Ebene des Überpersonalen, des *Transpersonalen* gefunden, er prägte dafür den Begriff des *kollektiven Unbewussten.*

In der Psyche eines jeden findet sich Persönliches, das aus der individuellen Konstitution und Erfahrung stammt, zum Beispiel gewisse Wünsche und Konflikte; aber die Psyche enthält auch etwas, was allen Menschen gemeinsam ist. Diese *kollektiven Leitmotive,* die der menschlichen Art entsprechen, werden offensichtlich geerbt. Wie das Wissen um den Gebrauch der Hand zum Greifen von Gegenständen bei jedem gesunden Menschen angeboren ist, gibt es auch in seiner Seele Bereiche, die ihn teilnehmen lassen am menschheitlichen Wissen. Viele Wissenschaftler sind sich einig in der Einschätzung, dass es eine Intelligenz gibt, die die Evolution vorantreibt.

Seit über zweihundert Jahren hat der »aufgeklärte« Mensch den Zugang zu inneren Bereichen verloren, die zuvor über Riten und Mythen *gelebt* und *erlebt* wurden. Einst hatte jedes Mitglied der Gesellschaft Anteil am *kollektiven Menschengeist.* Nicht zuletzt dadurch, dass die großen Religionen ihren Einfluss und ihre Kraft verloren haben, wird das grundsätzliche Bedürfnis des Menschen, seine inneren Grenzen zu überschreiten, sich zu *transzendieren,* verdrängt.

Da Verdrängung nie vollkommen ist, dringt die mythologische Ebene immer wieder in zum Teil bizarren Formen durch. Einige Menschen beschäftigen sich mit Okkultismus, schwarzer Magie oder mit dem Missbrauch psychedelischer Drogen (z. B. LSD). Vermutlich stammt das exzessive Bedürfnis, etwas Besonderes zu sein, auch aus dieser Quelle. Wenn es nicht gelingt, die inneren Grenzen zu überschreiten, wird die Lösung darin gesucht, die äußeren Grenzen zu sprengen.

Der moderne Mensch zeichnet sich durch Ruhelosigkeit und Egozentriertheit aus. Er hat sich immer weiter von seiner Mitte und von seinen Wurzeln, die ihm Halt gaben, entfernt. Darum hat er Angst – Angst vor dem Leben und Angst vor dem Tod. Auch auf dieser Ebene erkennen wir das Bild vom Baum, der keine goldenen Früchte trägt, weil seine Wurzeln abgenagt wurden. Ebenso erkennen wir die *Kröte,* denn der heutige Mensch fühlt sich nicht grundsätzlich willkommen auf diesem Planeten. Wie wir bereits sehen konnten, muss er viel tun, um geliebt zu werden und sich berechtigt zu fühlen. Die Folge ist die Sucht nach Betäubung und Zerstreuung. Wir begegnen dem *Fährmann,* der immer hin- und herrudern muss.

Der innere Zeuge

Andere suchen durch geeignetere Methoden wie Meditation, Joga oder Transpersonale Psychotherapie den Zugang zu tieferen Schichten ihrer Seele. Sie bemühen sich, das Mythologische in sich selbst zu erschließen, um ihrem Blick eine universellere Perspektive zu geben. Wenn ihnen dies gelingt, entdecken sie die Schätze in der Tiefe der Seele, und eigene Bedürfnisse treten in den Hintergrund, weil die Identifikation mit dem Ich nicht mehr so ausschließlich ist. Bildlich beschrieben, tauchen sie hinab in die Ruhe und Stille des Meeres und werden von den Wellen an der Oberfläche, die vielleicht gerade ein Sturm aufgeworfen hat, weniger berührt. Indem jemand das Transzendente in sich selbst erschließt, findet er eine Quelle innerer Stärke, die seine persönlichen Dramen, seinen Schmerz und seine Angst abschwächt. Wer dem Mythologischen in sich selbst begegnet, gewinnt zunehmend eine Ahnung, ein Gefühl dafür, welche Kräfte das Universum bewegen.

Östliche Weisheitslehrer und westliche Mystiker empfehlen, das eigene Ich von der sichtbaren Realität zu lösen. Hermann Hesse[13] hat in seinem Gedicht »Glück« eindrückliche Worte dafür gefunden:

> Solang du nach dem Glücke jagst,
> Bist du nicht reif zum Glücklichsein,
> und wäre alles Liebste dein.
>
> Solang du um Verlornes klagst
> Und Ziele hast und rastlos bist,
> Weißt Du noch nicht, was Friede ist.
>
> Erst wenn du jedem Wunsch entsagst,
> Nicht Ziel mehr noch Begehren kennst,
> Das Glück nicht mehr mit Namen nennst,
>
> Dann reicht dir des Geschehens Flut
> Nicht mehr ans Herz, und deine Seele ruht.

Zunächst erscheint dieses »Entsagen« wie ein Verlust, in Wahrheit ist es jedoch ein Gewinn. Der westliche Mensch identifiziert sich stark mit seinen Gefühlen, seinem Körper, mit seinem Besitz, seinem Status und macht sich damit zur Marionette, zum Abhängigen all dieser Dinge. Die Lösung seiner Probleme könnte auf wirklich gründliche Weise erfolgen, wenn er sich seiner wahren Existenz bewusster würde. Wer sich zu sehr mit seinen Erfolgen identifiziert, ist automatisch auch mit seinen Misserfolgen identifiziert. Leid kann nur entstehen, wenn man sich damit identifiziert. Die Übung muss daher lauten, sich vom Leid zu *ent-identifizieren.*

Jeder Mensch trägt in sich ein transpersonales, überpersönliches Selbst, das unabhängig ist von seinen Gefühlen, Gedanken, seinem Körper und seiner persönlichen Psyche. Ich möchte eine Übung vorstellen, die den Zugang zu diesem seelischen Bereich erleichtert. Dabei geht es darum, diesen Raum in sich selbst intuitiv zu erfassen. Dazu müssen wir zuerst die Frage klären: Wo bin ich? Wo ist alles das, was meine Person, die bewussten und die unbewussten Anteile ausmacht? Wo ist mein Selbst? Ist es mein Körper? Die Antwort muss lauten, dass der Körper ein Teil unserer Persönlichkeit ist, aber da sich die Zellen permanent verändern und damit auch der Körper, kann der Körper nicht das Selbst sein. Das Gleiche gilt für Gedanken: sie kommen und gehen, deshalb können die Gedanken nicht das Selbst sein. Auch Gefühle verändern sich laufend, das Selbst jedoch bleibt, und so können bestimmte Gefühle zu unserer Existenz gehören, aber das Selbst nicht ausmachen. Die Wahrheit ist, dass wir das Selbst nicht genau erfassen können. Mystiker drücken dies in Formulierungen aus wie: »Das Messer kann sich selbst nicht schneiden« oder »Das Auge kann sich selbst nicht sehen«.

Eine Übung[14] Nehmen Sie sich einige Minuten Zeit und beobachten Sie Ihren Körper, indem Sie gedanklich eine Reise durch alle Körperteile machen. Wenden Sie eine Ihnen bekannte Entspannungsübung an und nehmen Sie wahr, wie Sie ruhig werden.

Danach beginnen Sie, sich selbst folgende Sätze tonlos zu sagen und sich den Inhalt so intensiv wie möglich vorzustellen:

- Ich habe einen Körper, aber *ich bin nicht* mein Körper;
- Ich habe Gedanken, aber ich *bin nicht* meine Gedanken;
- Ich habe Gefühle, aber *ich bin nicht* meine Gefühle;
- Ich habe Ärger, aber *ich bin nicht* mein Ärger;
- Ich habe Kummer, aber *ich bin nicht* mein Kummer;
- Ich habe Wünsche, aber *ich bin nicht* meine Wünsche.

Vielleicht ist es notwendig, dass Sie sich diese Sätze öfter sagen, anschließend sagen Sie sich:

- *Ich bin* das, was übrig ist: ein passiver Zeuge all dieser Gedanken, Gefühle und Wünsche.

Wer diese Übung regelmäßig wiederholt, kann oft eine fundamentale Veränderung bemerken. Das Selbstgefühl löst sich zunächst ein wenig, allmählich stärker vom aktuellen Geschehen. Ein Gefühl von Leichtigkeit, Freiheit, Entlastung und intuitiver Stabilität wird sich einstellen. Wenn mit dieser Übung fortgefahren wird, entwickelt man die Ebene des transzendenten Selbst. Die äußeren Stürme werden zunehmend aus einer Beobachterposition beurteilt, eher in der Rolle eines Zeugen all dieser Vorgänge, der selbst unbeteiligt bleibt. Man ist nicht mehr der Gefangene seines Leids und seiner Ängste. In dem Maße, wie es gelingt, die Fesseln der Identifizierung zu lösen, entsteht Freiheit.

Für die Entwicklung der Persönlichkeit ist die Verfügbarkeit dieser Position, der Position des *inneren Zeugen*, von großer Bedeutung. Die meisten Menschen haben einen *Tunnelblick*, insofern sie nur ihre enge, begrenzte Welt sehen.

Anthony de Mello schlägt eine geistige Übung vor, die Ähnliches bewirken soll wie die gerade beschriebene. Sie hilft, den Dingen ihre wirkliche Bedeutung zuzumessen. Er empfiehlt, sich vorzustellen, man läge auf dem Totenbett und beobachte alles, was um einen herum passiert: alle Probleme, Konflikte, Bedürfnisse, Streitigkeiten, Sorgen usw. Schnell kommen wir dahinter, dass vieles überbewertet wird und eine unangemessene Bedeutung erhält. Die alltäglichen Ängste, Sorgen und Zwänge beginnen durchsichtig zu werden, und man beginnt festzustellen, dass tiefer in der Persönlichkeit ein grundlegenderes Selbst ist. Der Kontakt mit diesem Selbst führt dazu, dass der Weg der gesamten Menschheit intuitiv verstanden wird. Dies wirkt sich beruhigend und befreiend aus.

Wer zu sehr mit seinen Gefühlen verbunden ist, wird von den negativen zu stark beeinflusst und den Verlust der positiven fürchten. So ist es gut, die Fesseln, mit denen wir uns zu sehr an Umstände, Gefühle, Besitz und Status gebunden haben, zu lösen. *Zu diesem Zweck ist es wesentlich zu beobachten, was in uns geschieht.*

Aus der Beobachterrolle, aus der Position des Zeugen, wird die Selbstversklavung sichtbar. Die Sorge um den sozialen Status, die Angst vor Verlust, jede Beunruhigung entsteht nur durch die *Bindung* an diese Plagen. Der *Fährmann* ist auch auf dieser Ebene zu erkennen. Wir machen uns abhängig von sozialer Anerkennung, von Lob, Tadel, von guten und schlechten Fügungen usw. Der Rat des Teufels, dieses zwanghafte Tun doch einfach zu unterlassen und andere weiterrudern zu lassen, würde bedeuten, sich von dem ewigen Hin- und Herrudern zu distanzieren.

Die Position des inneren Zeugen kommt dem inneren Glückskind sehr nahe. Wir erinnern uns daran, dass der König als Todfeind des Glückskindes das Realitätsprinzip vermittelt. Die alten Programmierungen, Regeln, Spielpläne, Ordnungen, Zwänge, die das Glückskind fast getötet hätten, gilt es allmählich zurückzunehmen. Die Identifikation mit Wünschen, Liebe, Hass, Ansehen und materiellen Werten unterscheidet Erwachsene vom noch unschuldigen Kind.

Aber damit ist nicht gemeint, dass wir unrealistisch, kindlich oder naiv werden sollen. Von der beobachtbaren Realität wird nichts zurückgenommen oder verleugnet. Im Gegenteil, sie wird um eine Dimension erweitert. Die neue Erfahrung bedeutet auch nicht, gleichgültig zu werden, etwa gegen Ungerechtigkeit oder die Not anderer. Im Gegenteil: eine neue Sensibilität, ein neues Mitgefühl für die Welt entwickelt sich.

Die Entwicklung des transpersonalen Selbst braucht Zeit und erfordert Übung. Zunächst will die neue Position nur geringfügig gelingen. Ziel ist es, wie schon erwähnt, gleichsam auf dem ruhigen Meeresgrund zu liegen und zuzuschauen, wie an der Oberfläche die Wellen sich im Sturm überschlagen, ohne davon berührt zu sein.

Aus einem Tagesbericht
Mich überfiel wieder dieses unangenehme, quälende Gefühl, nicht zu genügen. Diesmal ging ich in die Position des Beobachters. Schmerz nahm ich wahr, darüber, wie sehr ich schon immer unter diesen Selbstzweifeln litt. Ich spürte, wie der Schmerz stärker wurde – ich beobachtete ihn und merkte dann aber, wie er wieder verschwand. Danach fühlte ich mich irgendwie leichter und sicherer. Wenn das Gefühl, nicht zu genügen, wieder auftritt, werde ich es wieder nur beobachten.

Das Leben findet im Hier und Jetzt statt, nicht in der Vergangenheit und nicht in der Zukunft. Daher ist Bewusstheit auch immer auf den derzeitigen Augenblick bezogen. Aus der Sicht der Mystiker und Weisen sind Menschen, die der Anerkennung hinterher jagen, Narren. Durch zunehmende Bewusstheit, durch Beobachtung, ohne etwas verändern zu wollen, lösen sich die alten Muster allmählich auf. Ein »bewusstloses« Leben ist nicht lebenswert!

Der Gewinn, der sich durch die Entwicklung des inneren Zeugen einstellt, ist die Verbindung mit allem. Heitere Gelassenheit entsteht aus dem Gefühl heraus, selbst Teil eines Ganzen zu sein, am Prozess der Evolution teilzunehmen und berechtigt zu sein zu leben. Eine neue Selbstverständlichkeit des Daseins stellt sich ein. Glück ist wieder ein natürlicher Zustand, weil die Verbindung mit dem transpersonalen Selbst Kontakt zur kosmischen Dynamik herstellt und selbst Teil derselben wird. Mystiker sprechen an dieser Stelle von

Mitleid und von einer neuen Form der Liebe, die nicht daran gebunden ist, selbst etwas geschenkt zu bekommen. Man sieht die Welt und liebt sie, weil sie ist, wie sie ist. Hier findet sich wahre Selbst- und wahre Nächstenliebe. Die weiter oben erwähnte Frage nach der *wahren Bestimmung* wird aus dem neu gewonnenen Leben leichter zu beantworten sein, weil sie jetzt intuitiv erfasst werden kann.

Die Transpersonale Psychotherapie setzt auf der Ebene des transpersonalen Selbst an. Wer auf diesem Weg fortschreitet, verliert die Angst vor dem Tod, weil er aufhört, sich an die Kleider zu binden. Wir werden nackt geboren, und wir sterben nackt. Während des Lebens kümmern wir uns nur um die Kleider, um reine Äußerlichkeiten, wie dies einmal ein Zen-Meister ausdrückte.

Dadurch, dass die transpersonale Ebene erschlossen wird, gehen andere Ebenen nicht verloren. Man wird weiterhin Rollen spielen müssen, wo dies sozial angemessen ist, aber die Maske wird viel bewusster aufgesetzt, und man ist sich der Relativität der Situation bewusst. Vor allem wird die Narretei von oben und unten, höher und tiefer, schlechter und besser durchschaut. Humor stellt sich ein, wenn die eigenen Versuche und die anderer, *ungeheure Bedeutung zu erlangen,* als menschlich verständlich, aber letztlich unbedeutend erkannt werden.

Ursprüngliche Erleuchtung Schreitet der spirituell Suchende fort, gelangt er zu dem, was Mystiker als Endziel anstreben: Erleuchtung. Aus allen Zeiten und aus allen Kulturen wird berichtet, dass durch gewisse religiöse Praktiken spirituelle Zustände erreicht wurden, die das normale Wachbewusstsein übersteigen. Der amerikanische Psychologe Abraham H. Maslow war einer der ersten, die den Mut hatten, diese Erfahrungen als äußerst positive Merkmale psychischer Gesundheit zu bewerten – fand er sie doch gehäuft bei den Personen, die er als *Selbstverwirklicher* bezeichnete. Er nannte diese Zustände *Gipfelerfahrungen,* die dem Leben Tiefe geben können. Manchmal verändert eine einzige solche Erfahrung das Leben grundlegend. Östliche Psychologie und Religion verfügen über systematische Methoden, diese Gipfelerfahrungen herzustellen und über längere Zeit aufrechtzuerhalten; dies wurde auch wissenschaftlich bestätigt.

Die Bücher zu diesem Thema füllen Bibliotheken. Allgemein kann gesagt werden, dass es östliche und westliche Wege zur Erleuchtung und dass es bei beiden auch Irrwege gibt. Im Anhang findet der Interessierte Literaturempfehlungen, die weiterhelfen.

Hinweise aus der Seele Betrachten wir die Aussagen des Märchens als Hinweise aus der Seele – dem kollektiven Unbewussten –, dann sind seine Bilder geeignet, verschiedene Dimensionen unseres Lebens zu überprüfen. Wir konnten erkennen, dass es eventuell notwendig ist, in die Tiefe zu bohren, um *Kröte* oder *Maus* zu entdecken, mit anderen Worten: die Verletzungen der Kindheit zu erkennen und zu überwinden. Das dauerhaftere Glück kann nur dann aus einer tieferen Quelle kommen, wenn ein Mensch Selbsthass und Ängste erkennt und bearbeitet. Er sollte sich von den Eltern lösen, unabhängig werden und ein selbstbestimmtes Leben führen können. Dies ist eine schwierige, aber notwendige Aufgabe. Wer gleich versucht, die Reise anzutreten, die wir als den Weg der Mystiker beschrieben haben, sich also »drücken« möchte vor der Auseinandersetzung mit *Kröte, Maus* und *Fährmann,* wird immer wieder über die alten Blockaden stolpern. Hier gilt der Satz von Ken Wilber: *Aus dem Neurotiker, der meditiert, wird ein erleuchteter Neurotiker!*

Der König, der sich selbst bestraft

Eine alte chinesische Geschichte wird etwa folgendermaßen erzählt:

Der Schüler fragt seinen Meister, warum die Menschen alles tun, um das Glück zu finden, und dennoch so unglücklich sind. Der Meister deutet

auf eine Schar fröhlich spielender Kinder und meint, dass sie wohl am ehesten als glücklich anzusehen seien.
Dann nimmt der Meister eine Hand voll Kupfermünzen und wirft sie dahin, wo die Kinder spielen. Sofort beginnt eine wilde Keilerei um die Münzen. Die Kinder schreien, brüllen, und einige weinen. Von Fröhlichkeit und Glück ist nichts mehr zu erkennen.

In diesem Sinne ist auch das letzte Bild des Märchens zu verstehen: Der König wird selbst Opfer seiner Gier. Wir haben das Märchen als eine Anleitung zur Suche nach innerer Genesung und Glück verstanden. Das Glückskind ist am Ende wohlbehalten zu seiner Geliebten zurückgekehrt. Es hat auf seinem Weg reiche Schätze erworben in Form heiterer Gelassenheit, Selbstliebe, emotionaler Unabhängigkeit und sinnvoller Selbstverwirklichung – die goldbeladenen Esel sind als ein Bild für diese inneren Schätze zu verstehen. Es bedarf jedoch immer wieder von neuem der Reflexion darüber, dass auch der gierige König in jedem von uns wohnt. Es scheint fast unwiderstehlich, wie die Eltern des Glückskindes für äußere Annehmlichkeiten das innere Glück zu opfern.

Schlussbemerkung

Dieses Buch zu schreiben war für mich ein großes Glück, brachte mich das Märchen doch intensiv dazu, nach meiner eigenen *Kröte* und *Maus* sowie nach meinem inneren *Fährmann* zu forschen. Bleibt zu wünschen, dass viele den Dialog mit ihrer Seele aufnehmen und ihre Hinweise verstehen lernen.

An den Schluss meiner Ausführungen möchte ich einige Gedanken in Anlehnung an den amerikanischen Dichter Max Ehrmann[15] stellen:

> *Desiderata (Ersehntes)*
> Gehe gelassen durch das Lärmen und Hasten und vergiß nicht, welcher Frieden im Schweigen sein kann. Stelle dich, soweit das ohne Kapitulation möglich ist, gut mit allen Leuten. Sage deine Meinung ruhig und klar und höre anderen zu, selbst den Einfältigen und Unwissenden; auch sie haben etwas zu sagen.
>
> Meide die Lauten und Aggressiven, sie sind eine Plage für Geist und Seele. Wenn du dich mit anderen vergleichst, wirst du vielleicht hochmütig oder verbittert; denn es wird immer Größere oder Geringere geben als dich. Freue dich an deinen Leistungen wie an deinen Plänen.
>
> Vernachlässige deinen Beruf nicht, sei er noch so bescheiden; er ist ein fester Halt in den Wechselfällen des Lebens. Sei vorsichtig in geschäftlichen Dingen; denn die Welt ist voller Lug und Trug. Aber laß dich nicht blind machen für das Gute, das es auch gibt; mancher kämpft für hohe Ideale, und überall ist das Leben voll Heldentums.

Sei du selbst. Vor allem heuchle keine Zuneigung. Sprich auch nicht zynisch über die Liebe; denn angesichts all der Schalheit und Ernüchterung ist sie unvergänglich wie das Gras.

Nimm den Rat der Jahre freundlich an, verzichte mit Anstand auf die Freuden der Jugend. Stärke deine innere Kraft, damit du gegen plötzliche Schicksalsschläge gewappnet bist. Aber quäle dich nicht mit Hirngespinsten. Viele Ängste erwachsen aus Erschöpfung und Einsamkeit. Abgesehen von einer heilsamen Selbstdisziplin geh gelinde mit dir um.

Du bist ein Kind des Universums, nicht geringer als die Bäume und die Sterne; du hast ein Recht, dazusein. Und ob du's begreifst oder nicht, das Universum entfaltet sich unleugbar, wie es soll.

Deshalb lebe in Frieden mit Gott, was du dir unter ihm auch vorstellst, wie hart du auch arbeitest, wonach du auch strebst; in dem lärmenden Wirrwarr des Lebens halte Frieden mit deiner Seele.

Trotz allen Blendwerks; aller Plackerei und aller zerbrochener Träume ist es eine schöne Welt.

Sei auf der Hut. Kämpfe um dein Glück.

Anhang

Wann ist Therapie angezeigt und warum scheitern Therapien?

Wer seine *Kröte* oder seine *Maus* nicht finden oder töten kann oder sich in der Rolle des *Fährmanns* fixiert fühlt, sollte sich Hilfe holen: zunächst vielleicht bei Freunden, denn oft hilft Reden. Manchmal gilt der Satz, dass man *den Splitter im eigenen Auge nicht sieht* oder sehen will. Ermutigung und Unterstützung können Veränderungsprozesse beschleunigen. Selbsthilfe- und Selbsterfahrungsgruppen können ebenfalls zur Erforschung eigener Blockaden beitragen. Die notwendige kritische Distanz sollte jedoch erhalten bleiben, weil leider oft die Probleme der Gruppe oder einzelner in der Gruppe einem Mitglied *übergestülpt* werden und die Verwirrung dadurch nur noch größer wird.

Professionelle Hilfe, insbesondere Psychotherapie, sollte dann in Anspruch genommen werden, wenn Symptome nicht vorübergehend, sondern dauerhaft auftreten und das Lebensgefühl deutlich eingeschränkt ist. Manchmal werden übertriebene Erwartungen an die Psychotherapie gestellt. Ein Vergleich mit dem Körper kann zur Erklärung, wo die Grenzen der Psychotherapie sind, herangezogen werden. Es gibt Behinderungen, etwa, wenn ein Bein oder ein Arm fehlt, die nicht wirklich zu beheben sind. Vergleichbares muss für die Psyche angenommen werden. Auch hier können Störungen vorhanden sein, die nicht zu beseitigen sind. Ich denke hier besonders an frühe Störungen, etwa eine schwere Borderline-Störung oder an eine Geisteskrankheit. Therapie kann sie in der Regel nicht heilen, Betroffene können aber lernen, mit ihren Beeinträchtigungen besser zu leben. Der Therapeut/die Therapeutin sollte im Einzelfall über möglicherweise vorhandene Grenzen einer Psychotherapie aufklären.

Wie und warum viele Therapien erfolglos bleiben, ist anhand unseres Märchens unschwer zu erkennen. Bleiben die *Kröte,* die *Maus* und/oder das zwanghafte Hin- und Herrudern des *Fährmanns* als innere Zustände oder innere Dynamik erhalten, ist gelungenes Leben nicht möglich. Die Antworten des Teufels enthalten *radikale* Anweisungen. Es geht darum, die Blockaden wirklich zu beseitigen (*Kröte* und *Maus* zu töten!). Dies ist in manchen Fällen schwierig und langwierig. Eventuell wurden die wirklichen Probleme nicht erkannt, Selbsthass nicht überwunden, Ängste nicht verlernt.

Das Märchen zeigt auf, dass sich alles in einem inneren Zusammenhang befindet. Es ist nicht ausreichend, nur das Symptom abzustellen. Alkoholkranke, die zwar mit dem Trinken aufhören möchten, sich aber nicht mit den Hintergründen ihrer Sucht auseinander setzen wollen, verpassen die Chance, die ihnen die Krankheit vermitteln will. Das Märchen fordert sie dazu auf, den Blickwinkel auf die gesamte Existenz zu erweitern und mutiger und entschlossener für das eigene Glück einzutreten. Ähnliches gilt für viele lästige oder quälende Symptome. Man möchte sie am liebsten möglichst schnell und leicht loswerden. Sie verschwinden jedoch meist erst, wenn ihr tieferer Sinn verstanden ist und das Leben eine grundsätzlich andere Richtung bekommen hat.

Wer die Diskussion über psychotherapeutische Theorien und Methoden während der letzten Jahrzehnte verfolgte, erkennt zwei Hauptströmungen, die sich zum Teil heftig bekämpften, indem sie sich gegenseitig Wirkungslosigkeit attestierten beziehungsweise vorwarfen, nicht im Besitz der wahren Lehre zu sein. Eine Hauptrichtung ist die *Tiefenpsychologie;* sie kümmert sich in erster Linie um die *Kröte,* indem sie die Lebensgeschichte untersucht, psychische Verletzungen und krank machende Beziehungen verstehen und bearbeiten will. Die andere Hauptrichtung, die *Verhaltenstherapie,* geht davon aus, dass Verhalten gelernt wurde und es demzufolge darum geht, störendes und destruktives Verhalten wieder zu verlernen. Mithilfe des Märchens konnte gezeigt werden, dass beide psychotherapeutischen Richtungen ihre Bedeutung haben und sich lediglich gegenseitig ergänzen müssen. Es ist notwendig, *in die Tiefe zu bohren,* wenn man sich der *Kröte* und der *Maus* nähern will, die im Brunnen oder unter der Erde leben. Hier hilft vor allem ein tiefenpsychologischer Blickwinkel. Wenn es darum geht, *Kröte* und *Maus* zu töten oder das zwanghafte Verhalten des Fährmanns zu beenden, dann haben sich Methoden der Verhaltenstherapie bewährt, etwa bei der Behandlung von Ängsten, zum Beispiel Phobien, oder bei der Veränderung alter Programmierungen.

Angsterkrankungen

Zu den häufigsten psychischen Symptomen und Störungen gehören Angsterkrankungen und Depressionen. Im Folgenden sollen daher die Ausführungen des Hauptteils zusammengefasst und etwas ergänzt werden.

Bei Angsterkrankungen wird, wenn sie gering ausgeprägt sind, häufig keine psychotherapeutische Hilfe in Anspruch genommen. Daher ist die Dunkelziffer der Erkrankten hoch. Auf Grund fundierter Schätzungen muss damit gerechnet werden, dass etwa jeder Zehnte vorübergehend oder dauerhaft unter den Symptomen einer Angsterkrankung leidet. Frauen erkranken doppelt so häufig wie Männer.

Angst ist ein elementares Gefühl. Sie dient dem Erkennen einer Gefahrensituation und hat eine lebenserhaltende Aufgabe. Von Angsterkrankungen ist die Rede, wenn Angstgefühle unkontrollierbar entgleiten. Häufig versuchen Betroffene viel zu lange, ihre Angst zu verbergen, sodass die Gefahr einer Chronifizierung gegeben ist. Nicht selten entwickelt sich eine Medikamentenabhängigkeit von Benzodiazepinen, Tranquilizer genannt (angstlösende, beruhigende und krampflösende Medikamente, Markennamen: z. B. Valium, Librium, Tranxilium). Hauptsächlich werden drei

Angststörungen unterschieden, die kurz beschrieben werden: Panikerkrankungen, Phobien und generalisierte Angststörung.

Panikerkrankung

Etwa 3 Prozent der Bevölkerung leiden unter Panikattacken. Diese treten plötzlich auf, wie aus heiterem Himmel. Panik ist eine Episode starker Angst, die unkontrollierbar ist und mit Todesangst einhergeht. Sie verursacht Körpersymptome, die die Angst verstärken. Die häufigsten Begleitsymptome sind: Schwindel, Enge in der Brust, das Gefühl, nicht genügend Luft zu bekommen, Herzrasen, Übelkeit, Zittern, kalter Schweiß, Kribbeln auf der Haut. Betroffene glauben, einen Herzanfall zu erleiden, und halten an dieser irrigen Vorstellung fest, wodurch das Paniksyndrom verschlimmert wird. Manchmal ist Panik mit dem so genannten *Hyperventilationssyndrom* gekoppelt. Schnelles und tiefes Atmen bewirkt, dass durch die Abatmung von Kohlendioxid der Säuregehalt des Blutes verändert wird. Dadurch vermindert sich der Kalziumgehalt im Blut, und es entstehen muskuläre Verspannungen, zum Beispiel Pfötchenstellung der Hände.

Menschen, die an einer Panikerkrankung leiden, fürchten während der meist kurzen Episode das Schlimmste und haben Todesängste. Besonders wegen der unangenehmen körperlichen Begleiterscheinungen halten sie an ihrer Überzeugung fest, lebensbedrohlich erkrankt zu sein. Sie wandern von Arzt zu Arzt, die aber keine körperliche Störung feststellen können.

Die Panikattacke wird als dermaßen bedrohlich und verunsichernd erlebt, dass Betroffene alles tun, um eine Wiederholung zu umgehen. Sie vermeiden immer mehr Situationen, in denen Panik ausbrechen könnte. Sie können nicht mehr allein oder ohne Medikamente das Haus verlassen usw. Der erste Schritt in der Therapie ist, darüber aufzuklären, dass es sich um eine Panikstörung, das heißt, um ein psychisches und nicht um ein körperliches Problem (letzteres ist selbstverständlich vorgängig seitens eines Internisten auszuschließen) handelt.

Phobie

Die unrealistische Angst vor Tieren wurde bereits am Beispiel der Spinnenphobie erwähnt. Die Angst vor Hunden, Schlangen oder Insekten sind typische Tierphobien. Bei einer Phobie ist die Angst immer an eine bestimmte Situation gekoppelt. Bei der Agoraphobie hat der Betroffene zum Beispiel Angst vor großen Plätzen, Angst, das Haus zu verlassen oder Angst vor großen Menschenmengen. Verbreitet sind phobische Ängste vor Flugreisen, Bahnfahrten, vor dem Autofahren, dem Aufzugfahren oder dem Besuch beim Zahnarzt. Die Angst vor engen Räumen wird als Klaustrophobie bezeichnet.

Soziale Phobien sind ebenfalls weit verbreitet und werden meist aus Scham verborgen: Die Angst, beobachtet zu werden, Angst vor Kränkung, vor öffentlicher Bloßstellung sind typische soziale Ängste, die zur Vermeidung entsprechender Situationen führen. Diese Ängste können sich wie Panikattacken enorm einschränkend auf das Leben auswirken.

Generalisierte Angststörung

Nehmen Ängste den größten Teil des Alltags in Beschlag, handelt es sich um eine generalisierte Angststörung. Der Betroffene quält sich mit unrealistischen Sorgen (Ängsten). Er befürchtet beispielsweise dauernd finanzielle Verluste, obwohl kein Grund dafür besteht, hat unentwegt Angst, nicht angenommen zu sein, ausgenutzt und/oder angegriffen zu werden, den Arbeitsplatz, einen geliebten Menschen zu verlieren. Betroffene Kinder machen sich ständig Sorgen um Schulnoten oder um sportliche Leistungen, befürchten, bei anderen zu wenig anerkannt zu sein.

Mit diesen Ängsten sind Körpersymptome wie übersteigerte Unruhe, Schwitzen, Herzklopfen, Schwindelgefühle, Muskelverspannungen, leichte Ermüdbarkeit, kalte, feuchte Hände, Magenbeschwerden, Benommenheit, Verdauungsstörungen, häufiges Wasserlassen verbunden. Weiterhin kann es zu extremer Schreckhaftigkeit, zu Überreizung, Schlaf- und Konzentrationsstörungen kommen. Die Körpersymptome halten die Angsterkrankung maßgeblich aufrecht, sodass die Gefahr einer Chronifizierung besteht.

Therapeutische Hilfe bei Angststörungen

Angstkrankheiten lassen sich mit hoher Wahrscheinlichkeit heilen oder lindern. Durch Flucht und Vermeidung aber wird Angst verstärkt. Viele Angsterkrankungen bleiben unbehandelt, weil Betroffene sich – oft aus Scham – nicht in psychotherapeutische Behandlung begeben.

Im Märchen war es die *Maus,* die für die Angst stand und trotz ihrer kleinen Gestalt einen großen Baum zum Absterben bringen konnte. Das Bild der *Maus* kann – in anderem Sinne – auch bei der Angstbehandlung hilfreich sein. So wie die Angst vor *Mäusen* unrealistisch ist, weil diese niemals einen Menschen angreifen würden, sind auch die meisten Ängste unrealistisch. (Achtung: Die Angst vor wirklich brutalen und gefährlichen Personen kann sehr realistisch sein!) Wer auf seine unrealistischen Ängste zugeht, lernt, dass sie kleiner werden.

Bei der Therapie von Angsterkrankungen haben sich verhaltenstherapeutische Methoden, die das Symptom behandeln, als erste Maßnahme bewährt. Die wahrscheinlich wirksamste Bekämpfung der Angststörungen geschieht mit der *Konfrontationstherapie* (Technik der Reizkonfrontation, bis die Angstreaktion nachlässt). Bei der Auseinandersetzung mit den Angst auslösenden Situationen kommen meist lebensgeschichtliche Hintergründe ins Blickfeld. Frühe Erfahrungen haben sich prägend ausgewirkt, und die Gesamtpersönlichkeit ist zu beachten. Hier ist ein tiefenpsychologischer Ansatz hilfreich.

Eine ausschließliche Symptombehandlung ist daher für eine definitive Behebung einer Angstkrankheit meist nicht ausreichend. Auch bei Angsterkrankungen ist es lohnend, das Bewusstsein zu erweitern und die Angst als Hinweis der Seele zu verstehen, die eigene Existenz zu hinterfragen. Meistens leben Menschen mit Angststörungen viel zu abhängig von anderen. Sie wollen perfekt sein, haben das starke Bedürfnis, anderen zu genügen. In der Regel sind Durchsetzungsfähigkeit und der Umgang mit Aggressionen gestört.

Einige nützliche Regeln für die Angstbewältigung, wie sie in der Kognitionspsychologie angewandt werden:[16]

- Angstgefühle und die dabei auftretenden körperlichen Symptome sind lediglich eine Übersteigerung der normalen Körperreaktion in einer Stresssituation;
- starke Angst und die damit verbundenen Körperreaktionen können sehr unangenehm sein, sind aber nicht gefährlich oder schädlich;
- versuchen Sie es möglichst zu vermeiden, sich durch bestimmte Katastrophenfantasien in Angstgefühle hineinzusteigern;
- geben Sie der Angst Zeit, sich von selbst zurückzuziehen, warten Sie einfach ab und beobachten Sie, wie die Angst nachlässt, kämpfen Sie nicht mit der Angst;
- es geht darum, mit Angst umzugehen, nicht um das Vermeiden der Angst, denn dann wird sie meist stärker;
- lernen Sie ein Entspannungsverfahren wie Autogenes Training oder Progressive Muskelrelaxation – wo Entspannung ist, kann Angst nicht sein.

Bei Angststörungen ist die Gefahr einer Chronifizierung gegeben. Sie bedürfen daher in der Regel einer psychotherapeutischen Behandlung. Bei der Therapie von Angsterkrankungen ist die Mitarbeit des Patienten entscheidend. Es braucht viel Mut, sich den

Ängsten zu stellen. Eine Therapie mit Medikamenten ist mit großer Vorsicht seitens des Arztes vorzunehmen, weil die Gefahr einer Gewöhnung oder Abhängigkeit gegeben ist.

Depressive Störungen

Die WHO (Weltgesundheitsbehörde der UNO) weist in jüngsten Berichten auf eine weltweit deutlich steigende Zahl depressiver Erkrankungen hin. Experten gehen davon aus, dass zwischen 5 Prozent und 19 Prozent der Bevölkerung betroffen sind.

Jeder Mensch kennt Stimmungsschwankungen, und wie das Wort ausdrückt, schwanken Stimmungen von »hoch« bis »tief«. Wenn die Stimmung sinkt, jemand trübsinnig und deprimiert ist, hat dies meist mit entsprechenden Erfahrungen zu tun, die er machen musste, und ist in gewissem Umfang völlig normal. Meist handelt es sich nicht um eine echte Depression, die sich deutlich von normalen Schwankungen unterscheidet. Bei der Depression geht es um eine schwere Krankheit, die durch eine anhaltende Störung der Stimmungslage gekennzeichnet ist, welche die Psyche angreift, zu körperlichen und zwischenmenschlichen Störungen führt, Menschen an den Rand ihrer Existenz treibt und eventuell auch in den Suizid. Das gesamte Leben wird massiv in Mitleidenschaft gezogen. Symptome sind Schlafstörungen, Energieverlust, Konzentrationsmangel, Nachlassen des sexuellen Verlangens, Verlust des Appetits und der Genussfähigkeit, Interesselosigkeit, Verlust des Selbstwertgefühls, völliger Verlust der Lebensfreude. Körperliche Schmerzen, innere Unruhe, Nicht-mehr-fühlen-Können, eine dunkle Wolke und starke Schuldgefühle werden als Begleitsymptome beobachtet. Für den Depressiven scheint die Zeit stillzustehen, und er kann vor allem nicht glauben, dass eine Besserung seines momentanen Zustands möglich ist.

Häufig wird eine depressive Erkrankung nicht in ihrem wahren Ausmaß erkannt, vielmehr als Schwäche verstanden. An Betroffene werden häufig Ratschläge wie »*sich zusammenreißen*«, »*Kopf hoch*«, »*Zähne zusammenbeißen*« herangetragen.

Die Behandlung einer depressiven Erkrankung gehört in die Hand speziell ausgebildeter (Fach-)Ärzte und Psychotherapeuten. In einigen Fällen ist eine medikamentöse Therapie unumgänglich, in anderen ist eine psychotherapeutische Therapie oder eine Kombination von beidem erforderlich. Da immer eine soziale Komponente vorhanden ist, sollten die Angehörigen, insbesondere die Partner, mit in die Therapie einbezogen werden. Moderne Verfahren wie die *interpersonelle Therapie* wurden speziell für die Behandlung der Depression entwickelt.

Wie Gefühle entstehen

Vor etwa zweitausend Jahren machten die Stoiker, griechische Philosophen, eine höchst wichtige Entdeckung: Sie fanden heraus, dass Ereignisse selbst uns nicht unglücklich, ängstlich, fröhlich oder wütend machen können. Vielmehr sind es unsere Bewertungen, die uns zu einer gefühlsmäßigen Reaktion veranlassen. Dieses Wissen geriet wieder in Vergessenheit. Der kreative amerikanische Psychologe Albert Ellis[17] hat die Erkenntnisse der antiken Philosophen wieder entdeckt und sie zu einem therapeutischen Konzept ausgebaut.

Entscheidend für unsere Gefühlsreaktion ist, wie wir ein Ereignis bewerten: Finde ich das derzeitige Wetter schön? Ist es mir zu heiß oder zu kalt? – Je nachdem, wie ich das Wetter bewerte, wird sich das entsprechende Gefühl einstellen. Finde ich Nieselregen anheimelnd und inspirierend oder deprimierend und frustrierend? Regen an sich kann nicht frustrieren, aber jemand kann frustriert sein, weil es regnet.

Nicht Herr XY ärgert mich, sondern: ich ärgere mich über Herrn XY. Auf den ersten Blick scheint dies kein großer Unterschied zu sein, jedoch liegt hier der Schlüssel für eine mögliche Veränderung.

Wenn ich dabei bleibe, dass Herr XY mich ärgert, bin ich Herrn XY in gewisser Weise ausgeliefert. Ich bin gezwungen, mich über ihn zu ärgern. Erst wenn ich feststelle, dass ich mich über Herrn XY ärgere, also den Ärger in mir selbst herstelle, kann ich die Situation möglicherweise verändern, indem ich mir folgende Einstellung zulege: *Wer mich ärgert oder beleidigt, das entscheide ich!*

Niemand reagiert auf ein Ereignis mit einem Gefühl, ohne das Geschehen zuvor zu bewerten. Die Bewertungen verlaufen aber mitunter so schnell, dass sie nicht bewusst wahrgenommen werden. Wir glauben, das Gefühl sei spontan entstanden. Im Nachhinein können wir jedoch die Einstellung oder den Blickwinkel erkennen, der zu einem bestimmten Gefühl führte. Bestimmte Einstellungen sind für die jeweilige Persönlichkeit typisch und werden blitzschnell *abgerufen,* wenn die entsprechende Situation eintritt:

Frau M. hat eine Abneigung gegen Menschen, die dominant auftreten. In solchen Situationen verspürt sie Ärger.

Herr S. findet seinen Nachbarn geizig. Immer, wenn er ihn sieht, erinnert er sich spontan an Begegnungen aus der Vergangenheit, in denen dieser Nachbar sich geizig zeigte.

Frau P. hat eine Abneigung gegen Hunde. Immer, wenn sie Hunde sieht, fürchtet sie sich, obwohl die meisten Hunde noch nie einem Menschen geschadet haben und sie noch nie gebissen wurde.

Obwohl jeder glaubt, seine Bewertungen seien realistisch, sind sie es vielfach nicht. Menschen neigen beispielsweise zu *Übertreibungen.* Ein Ereignis ist furchtbar, entsetzlich, grauenvoll, katastrophal, grässlich, unerträglich, unverantwortlich usw. Übersteigerte Bewertungen führen unweigerlich zu übersteigerten Gefühlen. Wer starke Ärgergefühle verspürt, sollte sich daher fragen, ob er eine Situation dramatisiert. Finden sich Übertreibungen in seinen Einschätzungen von Situationen und Menschen, ist es gut, diese durch realistischere zu ersetzen. Etwa: *Es ist nicht angenehm, was XY zu mir sagt, aber davon lasse ich mich nicht provozieren. Davon geht die Welt nicht unter. Bald wird von dem Ereignis niemand mehr reden.* Selbstverständlich ist damit nicht gemeint, eine wirklich gefährliche Situation zu verharmlosen. Es geht um eine realistische Bewertung, die zu entsprechend realistischen Gefühlen führt. Patienten, die zu Übertreibungen neigen, empfehle ich, sich in den entsprechenden Situationen den Satz: *Tu das Drama raus!* zu sagen. Ein weiterer Bereich sind *absolute Forderungen.* Sie führen zu gefühlsmäßigen Kollisionen. Zu erkennen sind sie an Formulierungen, die *soll, muss, hat* enthalten.

- Er *soll* endlich seine Meinung ändern!

- Sie *muss* lernen, pünktlich zu sein!

- Er *hat* einzusehen, dass er mich so nicht behandeln darf!

Für uns wäre es schön, wenn der andere seine Meinung ändern würde, aber man wird ihn wahrscheinlich nicht zwingen können, dies zu tun. Ob ein anderer Mensch pünktlich ist oder nicht, liegt nur in seinem eigenen Einflussbereich. Vielleicht sieht jemand ein, dass er mich so nicht behandeln darf, oder eben nicht. Absolute Forderungen sind unrealistisch, da sie etwas ändern wollen, was nicht zu ändern ist. Der hilfreiche Satz lautet daher: *Ich bin nicht auf dieser Welt, um erwachsene Menschen zu erziehen!*

Dass die Basis für ein befriedigendes Lebensgefühl darin besteht, die eigene Person in einem positiven Blickwickel zu sehen, wurde bereits ausführlich erörtert, ebenso die Bedeutung von positiven Selbstgesprächen und positiven Blickwinkeln. Eine Übung, die hilfreich sein kann, ist, jeden Tag vor dem Aufstehen zehn Dinge aufzuzählen, für die man dankbar ist.

Zufriedenheit ist wesentlich von unserem Denken abhängig. Mystiker haben schon immer gewusst, dass Wünsche zu Unzufriedenheit führen können. Der Ausspruch *wunschlos glücklich* weist auf diesen Umstand hin. Je heftiger ein Mensch sich etwas wünscht und je weiter er von der Erfüllung des Wunsches entfernt ist, desto unglücklicher ist er. Der Umgang mit Wünschen ist demnach eine Technik der Lebenskunst. Würden wir vollkommen auf Wünsche verzichten, würde uns dies die Energie nehmen; denn Ziele zu haben bedeutet immer auch, Wünsche zu haben. Die Frage ist vielmehr, welche Wünsche wir haben und mit welchen Mitteln wir sie verfolgen.

Der intelligente Umgang mit Gefühlen

In den letzten Jahren wurde der Begriff *emotionale Intelligenz,* der 1990 vom Psychologen Peter Salovey formuliert wurde, populär. Emotionale Intelligenz scheint für das Glück des Einzelnen viel entscheidender zu sein als ein hoher intellektueller Intelligenzquotient. Die eigenen Gefühle richtig zu managen kann erlernt werden. Dies mag etwas geschäftsmäßig klingen, führt jedoch dazu, dass man herzlichere und liebevollere Beziehungen zu anderen Menschen herzustellen vermag und vor allem die Beziehung zu sich selbst verbessert und seine Möglichkeiten geschickter nutzt.

Voraussetzung ist die Fähigkeit zur *Selbstwahrnehmung.* Erkennen wir Gefühle sicher und schnell, können wir sie konstruktiv in der Beziehung zu anderen einsetzen.

Verspüren wir zum Beispiel im Kontakt mit Vorgesetzten stets ein undeutliches Angstgefühl und fühlen uns unsicher, unterlegen und gehemmt, ist es zunächst sinnvoll, dieses Gefühl genauer wahrzunehmen, zu erfassen und näher zu untersuchen. Dazu ist Achtsamkeit erforderlich. Vielleicht kommen Erinnerungen hoch, etwa an den autoritären Vater/Lehrer, die strenge Mutter usw. Auf diese Weise kann das Angstgefühl als Relikt *(Maus)* aus der Kindheit verstanden werden. Eine weitere Beobachtung ist eventuell die, dass man bisher den Kontakt zu Vorgesetzten wegen dieses unangenehmen Angstgefühls so weit wie möglich vermieden hat. *Die Maus* töten könnte bedeuten, auf den Vorgesetzten zuzugehen, den Kontakt nicht mehr zu vermeiden, sondern ihn zu suchen. Hilfreich ist, wie bereits im Beispiel mit der Spinnenphobie beschrieben, sich der Angst bewusst zu stellen, sich langsam mehr zuzutrauen, ohne sich zu überfordern.

Ein weiterer Gefühlsbereich, der manchmal Schwierigkeiten bereitet, sind Ärger und Wut. Vielfach wurde die Meinung vertreten, dass es richtig sei, seinen Emotionen freien Lauf zu lassen. Wer wütend sei, sollte dies möglichst ungezwungen zum Ausdruck bringen. Während der letzten Jahre hat sich die Haltung führender Psychologen verändert. Wer zum Beispiel starke Wutgefühle in sich selbst immer stärker werden lässt, wird, wenn er sie auslebt, höchstens kurzfristige Erleichterung verspüren. Besser ist, Wut überhaupt nicht erst entstehen zu lassen, indem man sich der eigenen Übertreibungen und absoluten Forderungen bewusst wird und diese durch einen realistischeren Blickwinkel ersetzt. Nur wer den Blick auf das Machbare lenkt, kann seine Energien sinnvoll einsetzen. Wer Ärger verspürt, sollte sich die Frage stellen, zu welcher *Handlung* dieses Gefühl auffordert. Gibt es etwas, das (von einem selbst!) getan werden müsste? Wenn nicht, ist Ärger fast immer sinnlos.

Wer in der Lage ist, sich bei aufkommenden Ängsten selbst zu beruhigen, Gereiztheit oder Schwermut abzustreifen, erholt sich viel rascher (weil er gut trainiert ist) als jemand, der sich immer wieder von starken Gefühlen beherrschen lässt. Es wurde bereits ausgeführt, dass viele mit bedrückenden Gefühlen kämpfen, weil sie sich immer wieder von düsteren Gedanken dominieren lassen.

Ist die Fähigkeit vorhanden, sich in andere hineinzuversetzen?

Die Fähigkeit, anderen nahe sein zu können, ist wahrscheinlich die beste Voraussetzung für positive Gestimmtheit und persönliches Glück. Wer mit sich selbst im Einklang ist, gewinnt leichter Freunde.

Dies gilt auch umgekehrt: Wer Freunde hat, bleibt leichter mit sich selbst in Harmonie. Zufriedene Menschen sind oft in ein Netz von Beziehungen und persönlichen Freundschaften eingebettet. Es ist lohnend, alte Freundschaften zu beleben und offen zu sein für neue.

Voraussetzung für Intimität und Nähe ist die Fähigkeit, *Stimmungen und Gefühle anderer zu erkennen.* Dies kann geübt werden! Fehlt diese Fähigkeit zur *Empathie* (sich in andere hineinfühlen können), ist es schwierig, Beziehungen aufzubauen und mit anderen »warm« zu werden. Mithilfe psychologischer Untersuchungen konnte gezeigt werden, dass Personen mit hohen Empathiewerten emotional stabiler und erfolgreicher sind – generell erzielen Frauen bessere Werte als Männer.

Die Fähigkeit, sich zu konzentrieren und sich selbst zu motivieren

Für viele Tätigkeiten ist Konzentration erforderlich. Wie bereits oben beschrieben, ist Trägheit kein geeignetes Mittel, auf Dauer zufrieden und glücklich zu sein. Vielfach mündet sie in depressive Gefühle. Die Ausdauer, die Konzentration, mit der Ziele verfolgt werden, können wir am besten herstellen, wenn wir von unserem Vorhaben überzeugt sind. Große Werke und Taten waren möglich, weil im Vorfeld die Überzeugung galt, dass sie möglich seien. Die Kunst besteht darin, Emotionen in den Dienst eines Ziels zu stellen, auf kurzfristige Belohnungen zu verzichten und bei einer optimistischen Stimmung zu bleiben, auch wenn es schwierig wird.

Die Fähigkeit, sich selbst zu motivieren, ist die Voraussetzung für Unabhängigkeit und die Ausdauer, eigene Ziele zu verfolgen. Wer ständig Motivation von außen benötigt, immer wieder angespornt oder gelobt werden muss, ist abhängig. Ziel ist, sich selbst in den »fließenden« Zustand zu versetzen, der kreative Fähigkeiten mobilisiert. Die Kunst besteht darin, *Emotionen in eine Tat umzusetzen.*

Beispiele:

- Ärger kann in konstruktives Handeln überführt werden;
- Unzufriedenheit will kreativ beantwortet werden;
- Leeregefühle fordern dazu auf, an der Liebesfähigkeit zu arbeiten;
- Angst will oft als Aufforderung verstanden werden, soziale Kompetenzen zu verbessern usw.

Anmerkungen

1 Fragt man Kinder vor dem dritten Lebensjahr, wie sie auf die Welt gekommen sind, können sie oft präzise die Besonderheiten ihrer Geburt beschreiben.

2 Vgl. Röhr, H.-P.: Ich traue meiner Wahrnehmung. Walter: Zürich 1998.

3 Zusammengefasst aus Khalil Gibran: Satan (in: Abgründe des Herzens. Walter: Zürich 1980).

4 Poppe, T.: Der Löwe in uns allen. Rowohlt: Reinbek bei Hamburg 1990, S. 85 ff.

5 Im Märchen *Allerleirauh* spiegelt sich die Problematik des sexuellen Missbrauchs. Vgl. Röhr, H.-P.: Ich traue meiner Wahrnehmung. Walter: Zürich 1998.

6 Vgl. Röhr, H.-P.: Weg aus dem Chaos – Das Hans-mein-Igel-Syndrom oder Die Borderlinestörung verstehen. Walter: Zürich 1996.

7 Vgl. Röhr, H.-P.: Narzißmus – Das innere Gefängnis. Walter: Zürich 1999.

8 Zitiert nach: Assagioli, R.: Die Schulung des Willens. Junfermann: Paderborn 1998, 8. Auflage, S. 43.

9 Fried, E.: Gedichte. dtv: München 1995, S. 107.

10 Nach einem Manuskript von Ingrid Olbricht anlässlich der Bad Wildunger Psychotherapietage 2001.

11 Rulf, B.: Verirrungen. Selbstverlag: Remscheid 1987.

12 Mythologisch heißt wörtlich götterkundlich. Vielleicht lässt sich der Begriff am besten mit »allumfassend« übersetzen.

13 Hesse, H.: Stufen – Ausgewählte Gedichte. Suhrkamp: Frankfurt a. M. 1980, S. 59.

14 In Anlehnung an Wilber, K.: Wege zum Selbst. Kösel: München 1984.

15 Ehrmann, Max, amerikanischer Dichter und Dramatiker, 1872–1945.

16 Vgl. Rahn, E.; Mahnkopf, A.: Lehrbuch der Psychiatrie. Psychiatrie Verlag: Bonn 1999, S. 498.

17 Ellis, A.: Training der Gefühle. Wie Sie sich hartnäckig weigern, unglücklich zu sein. mvg: München 2000.

Literaturempfehlungen

Die Bücher von *Ken Wilber,* dem wohl bekanntesten Vertreter der Transpersonalen Psychologie, über östliche und westliche Wege zu persönlichem Wachstum sind von überragender Klarheit. Für den Einstieg besonders geeignet ist *Wege zum Selbst,* das einen Überblick über die Transpersonale Psychologie enthält. Zur weiteren Vertiefung sind *Das Spektrum des Bewußtseins* und *Halbzeit der Evolution* zu empfehlen.

Aufschlussreich und teilweise witzig sind die Bücher von *Anthony De Mello.* Eine leicht verständliche Abhandlung zu dem, was wir »die Entwicklung des inneren Zeugen« genannt haben, ist in dem Buch *Der springende Punkt* zu finden. Erhellend ist seine Sammlung von kurzen spirituellen Geschichten unter dem Titel *Zeiten des Glücks.*

Empfehlenswert ist auch die Sammlung von Tierfabeln *Der Löwe in uns allen* von *Thomas Poppe.*

Die Bücher von *Krishnamurti* sind für spirituell Suchende inspirierend, besonders *Gedanken zum Leben.*

Roberto Assagiolis Bücher *Psychosynthese* und *Die Schulung des Willens* sind unübertroffen. Sie verbinden tiefenpsychologisches Wissen und spirituelles Wachstum auf überzeugende Weise.

Weitere Hinweise finden sich in reicher Zahl in den empfohlenen Büchern.

Bibliografie

Assagioli, R.: Psychosynthese. Handbuch der Methoden und Techniken. Rowohlt: Reinbek bei Hamburg 1993.

– Die Schulung des Willens. Junfermann: Paderborn 1998.

Boorstein, S. (Hrsg.): Transpersonale Psychotherapie. Scherz: München 1988.

Brüder Grimm: Kinder- und Hausmärchen. Insel: Frankfurt a. M. 1984.

Chopich, E.; Paul, M.: Die Aussöhnung mit dem inneren Kind. Diagramme. Bauer: Freiburg i. Br. 1993.

Dalai Lama: Das Buch der Menschlichkeit. Lübbe: Bergisch Gladbach 2000.

Davison, G. C.; Neal, J. M.: Klinische Psychologie. Urban & Schwarzenberg: München 1992.

De Mello, A.: Der springende Punkt. Herder: Freiburg i. Br. 1991.

– Zeiten des Glücks. Herder: Freiburg i. Br. 1994.

Drewermann, E.: Tiefenpsychologie und Exegese, Bd. 1, Die Wahrheit der Formen. Walter: Olten 1984.

Ellis, A.: Training der Gefühle. Wie Sie sich hartnäckig weigern, unglücklich zu sein. mvg: München 2000.

Frankl, E. V.: Ärztliche Seelsorge. Grundlagen der Logotherapie und Existenzanalyse. Fischer: Frankfurt a. M. 1985.

Fried, E.: Gedichte. dtv: München 1995.

Goleman, D.: Emotionale Intelligenz. dtv: München 1997.

Hesse, H.: Stufen. Ausgewählte Gedichte. Suhrkamp: Frankfurt a. M. 1980.

Jung, M.: Versöhnung – Töchter, Söhne, Eltern. Emu: Lahnstein 2000.

Krishnamurti, J.: Gedanken zum Leben. 3 Bde. Humata: Bern 1995–99.

Massing, A.; Reich, G.; Sperling, E.: Die Mehrgenerationen-Familientherapie. Vandenhoeck & Ruprecht: Göttingen 1992.
Poppe, T.: Der Löwe in uns allen. Rowohlt: Reinbek bei Hamburg 1990.
Rahn, E.; Mahnkopf, A.: Lehrbuch der Psychiatrie. Psychiatrie Verlag: Bonn 1999.
Richter, H.- E.: Eltern, Kind und Neurose. Klett: Stuttgart 1963.
Röhr, H.-P.: Weg aus dem Chaos – Das Hans-mein-Igel-Syndrom oder Die Borderline-Störung verstehen. Walter: Zürich 1996.
– Ich traue meiner Wahrnehmung oder Das Allerleirauh-Schicksal – Sexueller und emotionaler Mißbrauch. Walter: Zürich 1998.
– Narzißmus – Das innere Gefängnis. Walter: Zürich 1999.
– Die vierte Seite des Suchtdreiecks – Über die Bedeutung von Spiritualität und Religiosität in der Therapie. Fredeburger Hefte Nr. 4, o. J.
Rogoll, R.: Nimm dich, wie du bist. Wie man mit sich einig werden kann. Herder: Freiburg i. Br. 1991.
Rulf, B.: Verirrungen. Selbstverlag: Remscheid 1987.
Wilber, K.: Wege zum Selbst. Östliche und westliche Ansätze zu persönlichem Wachstum. Kösel: München 1984.
– Das Spektrum des Bewußtseins. Scherz: Bern 1987.
– Halbzeit der Evolution. Goldmann Tb: München 1990.

Quellennachweise

129 f. Erich Fried: *Aufhebung*
aus: Erich Fried: *Beunruhigungen*

148 Bodo Rulf: *Die Aufmerksamkeit …*
aus: Bodo Rulf: *Verirrungen*

156 Hermann Hesse: *Glück*
aus: Hermann Hesse: *Stufen. Ausgewählte Gedichte*

Heinz-Peter Röhr
Narzißmus –
Das innere Gefängnis

192 Seiten
Englische Broschur
ISBN 3-530-40059-9

Bei einer narzisstischen Persönlichkeitsstörung ist das Bedürfnis nach Anerkennung krankhaft übersteigert. Mit falschen Mitteln versuchen die Betroffenen, die vorbehaltlose Liebe zu erringen, die ihnen in der frühen Kindheit fehlte. Zwei typische Formen werden anhand des Grimm'schen Märchens »Der Eisenofen« dargestellt: erstens Pseudoautonomie durch Entwicklung eines »Schutzpanzers« zur Unterdrückung heftiger Gefühle von Neid und Wut und als Abwehr übergroßer Verletzlichkeit, zweitens Autonomieverzicht, um durch Opferung der eigenen Bedürfnisse Liebe zu gewinnen. Die einen sind unfähig, sich in andere einzufühlen, die anderen tun es im Übermaß.

Walter

Heinz-Peter Röhr
Wege aus der Abhängigkeit
Destruktive Beziehungen überwinden

192 Seiten
Englische Broschur
ISBN 3-530-40155-2

»Ich kann nicht nein sagen; ich kann nicht alleine sein; wenn ich in einer Beziehung lebe, ist es, als ob meine eigene Welt verschwindet« – so beschreiben Betroffene Beziehungsmuster krankhafter Abhängigkeit. Wie kommt es zu dieser Persönlichkeitsstörung, die wesentlich weiter verbreitet ist als selbst Experten bisher annahmen und oft zu Suchtverhalten, psychosomatischen Erkrankungen oder Depressionen führt?
Anhand des Grimm'schen Märchens »Die Gänsemagd« zeigt Heinz-Peter Röhr, wie krankhafte Abhängigkeit entsteht, welche charakteristischen Formen und Spielarten sie annehmen kann und wie die Befreiung daraus dennoch gelingen kann.

Walter

Heinz-Peter Röhr
Ich traue meiner Wahrnehmung
Sexueller und emotionaler Mißbrauch oder Das Allerleirauh-Schicksal

192 Seiten
Englische Broschur
ISBN 3-530-40035-1

Die meisten von sexuellem und emotionalem Missbrauch Betroffenen reden niemals über das Verbrechen, das an ihrem Körper, ihrem Geist und ihrer Seele begangen wurde, und leiden ein Leben lang unter der entstehenden Isolation. Diese zu durchbrechen ist das Ziel des Buches. Es vermittelt anhand des Märchens »Allerleirauh« in anschaulicher Weise das notwendige Wissen über Entstehung, Verlauf und Heilungsmöglichkeiten. Darüber hinaus stellt das Buch einen Zusammenhang her zwischen Missbrauchserfahrung und Suchtverhalten.

Walter